VOZES DO CORAÇÃO

Reflexões da Jornada - Abraçando o Ser Interior

Autor

MARIA PINTO BARBOSA, PhD

Vozes do Coração
Reflexões da Jornada – Abraçando o Ser Interior

Direitos Autorais Por, Dra. Maria Pinto Barbosa @2025
Capa do Livro Por: Rodrigo Piassa/Design: Fernando Felipe

Este livro é uma obra de não-ficção. Todos os direitos deste livro estão reservados.

Dados de Catalogação na Publicação da Biblioteca do Congresso
Número de controle LCCN # 25.298372.0 CDD-152.4

ISBN # 978-65-987431-1-6

Impresso em:

Para mais detalhes sobre Dra. Maria P. Barbosa, visite:
www.drmariabarbosa.com
ou www.acceleducational.com

Carta ao Leitor

Querido Leitor,

Você já sentiu como se algo profundo dentro de você estivesse tentando se manifestar, mas você simplesmente não consegue colocar em palavras? Uma dor silenciosa no coração... um anseio por se sentir inteiro novamente... uma necessidade de se reconectar com a versão mais verdadeira de si mesmo?

Vozes do Coração: Cura Emocional Através do Autoconhecimento Interior é mais do que apenas um livro — é um convite sincero para pausar, refletir e curar. Escrito com compaixão e sensibilidade, este guia transformador conduz você em uma jornada de exploração do seu mundo interior, de enfrentamento das feridas emocionais e de acolhimento do poder de cura que já habita dentro de você.

Este livro é para você, se: • Você carrega dores não resolvidas do passado
• Você luta com dúvidas sobre si mesmo, vergonha ou desconexão emocional
• Você deseja profundamente ser visto, compreendido e restaurado
• Você está pronto para construir uma nova e amorosa relação consigo mesmo

Por meio de reflexões suaves, exercícios terapêuticos e encorajamento espiritual, você aprenderá a: • Identificar e honrar emoções escondidas

- Libertar-se de padrões limitantes
- Reformular o seu diálogo interno
- Despertar sua força interior e resiliência
- Cultivar equilíbrio emocional, clareza e paz

Vozes do Coração não foi escrito apenas para ser lido - ele foi criado para ser vivido. Cada capítulo é como uma conversa entre o seu coração e o seu processo de cura. Você descobrirá a beleza na sua dor, a sabedoria nas suas feridas e a esperança que sempre esperou, silenciosamente, dentro de você.

Seja qual for o seu caminho - desenvolvimento pessoal, restauração espiritual ou recuperação emocional - este livro caminhará ao seu lado como um companheiro de confiança: encorajando, desafiando e conduzindo você de volta para si mesmo com amor e verdade.

Chegou o momento de parar de apenas sobreviver e começar a curar.
Deixe seu coração falar. Deixe sua cura começar.
Bem-vindo ao **Vozes do Coração**.

Com amor,
Dra. Maria Pinto Barbosa
Autora de *Get-Up-And-Go Holistic Therapy*

Contente

Carta ao Leitor	3
Introdução ao livro:	7
PARTE I – FUNDAMENTOS DA CURA INTERIOR	10
Abraçando o Amor Próprio e o Perdão	11
PARTE 2 – CONEXÕES E RELACIONAMENTOS SAUDÁVEIS	17
Descobrindo o Poder da Fé e do Amor	18
Nutrindo Laços Familiares e Conexões Significativas	23
Construindo Relacionamentos Sólidos e Fazendo Novos Amigos	32
PARTE 3 – AUTOCONHECIMENTO E IDENTIDADE	41
Ligação entre Temperamento e Estilos de Apego	52
Um Caminho para o Crescimento e a Realização	63
Desvendando o potencial interior	71
PARTE 4 – FORÇA EMOCIONAL E RESILIÊNCIA	77
Abraçando o Positivismo e Aceitando a Mudança	78
A natureza Complexa da Autopercepção	86
Cultivando a Confiança	100
Inseguranças Pessoais	113
Superando Desafios	119
O Peso da Autoculpabilidade e da Culpa	126
Abraçando a Libertação	132
Terapia Holística Get Up And Go	137
Abraçando a Libertação e Superando a Vergonha	139
Parte 5 – Cura, Autoaceitação e Transformação	144
A Função da Autoaceitação na Cura	145

Navegando pelo Caminho da Libertação	156
Tomando Controle da Sua Vida	160
Desbloqueando Potencial Ilimitado para o Crescimento	172
Esforçando-se Pelo Melhor em Todos os Aspectos	184
Revelando a Autoaceitação	195
Abraçando a Mudança	206
Parte 6 – Crescimento Contínuo e Vida com Propósito	**218**
Saber Dizer "Não" é Crucial Por Várias Razões	219
Abraçando e Aumentando a Autoconfiança	226
Nutrindo o Crescimento Pessoal	234
Encontrando a Paz na Vida Cotidiana	239
Cultivando a Gratidão	248
Encontrar Conexão na Comunidade	257
Abraçar a Impermanência	261
A Vida é Curta Demais: Um Chamado à Jornada Interior	267
Carta ao Leitor	273
About The Author	275

Introdução ao livro:

Vozes do Coração: Cura Emocional Através do Autoconhecimento Interior

Há uma voz silenciosa dentro de cada um de nós — uma voz muitas vezes abafada pelo ruído do mundo, pelo peso das responsabilidades e pelas dores não resolvidas que carregamos. *Vozes do Coração* convida você a pausar, escutar e se reconectar com essa voz interior que anseia por ser ouvida — a voz que não fala a partir do medo, mas sim da verdade, do amor e de uma profunda sabedoria emocional.

Este livro é um guia suave, mas poderoso, pelos caminhos da cura emocional. É destinado a todos que já se sentiram sobrecarregados pelas feridas do passado, presos em ciclos de dúvida sobre si mesmos ou desconectados de sua verdadeira identidade. Nestes capítulos, você descobrirá como o autoconhecimento se torna uma ponte para a transformação — como compreender seu mundo interior permite libertar-se da vergonha, acolher a autocompaixão e recuperar o equilíbrio emocional.

Em vez de oferecer soluções rápidas ou otimismo superficial, esta jornada convida à reflexão profunda e à honestidade corajosa. Com base na terapia holística, em conhecimentos psicológicos e em consciência espiritual, este livro o convida a explorar as raízes emocionais de suas lutas e a despertar o potencial de cura que já existe dentro de você.

Você será guiado a: • Identificar e honrar as emoções ocultas por trás de seus comportamentos e padrões
• Compreender as origens da dor emocional e como enfrentá-las com amor
• Reformular seu diálogo interno para promover cura e resiliência
• Cultivar uma nova relação consigo mesmo — enraizada na graça, na clareza e na paz

Este não é apenas um livro para ser lido, mas uma experiência para ser vivida. Por meio de reflexões profundas, exercícios práticos e encorajamento sincero, *Vozes do Coração* serve como um espelho para a sua alma — ajudando-o a redescobrir quem você é por trás da dor, das expectativas e das camadas de proteção.

A cura começa quando ouvimos:
Os sussurros do coração.
Os clamores que ignoramos.
As verdades que tivemos medo de encarar — até agora.

Uma Jornada Além da Superfície

Este livro representa uma jornada profundamente pessoal e introspectiva — um caminho em que revisitamos experiências, escolhas e desafios da vida para alcançar uma compreensão mais profunda e uma sabedoria duradoura. As reflexões aqui compartilhadas são momentos de autoanálise honesta e reveladora. Os encontros com o eu interior ao longo desta obra o convidam a se conectar com sua verdadeira identidade, valores, emoções e propósito.

Ao longo desta jornada de cura e despertar, você descobrirá o poder transformador do amor, do perdão e da fé. Aprenderá a abraçar a positividade, construir relacionamentos significativos e assumir o controle do seu destino pessoal.

Cada capítulo foi cuidadosamente elaborado para ajudá-lo a: • Despertar sua força interior
• Libertar-se dos pesos que o impedem de avançar
• Enfrentar as mudanças com coragem
• Reconhecer a beleza da família, da amizade e do amor-próprio
• Acessar as infinitas possibilidades que a vida tem a oferecer

Às vezes, a vida nos apresenta obstáculos difíceis. Mas por meio da sabedoria compartilhada nestas páginas, você encontrará ferramentas para atravessar os desafios com graça e determinação. Este livro é uma celebração de quem você é — um lembrete de que você é forte, capaz e digno de alegria.

Você não está sozinho nessa caminhada. Com fé e amor guiando seus passos, seu mundo pode se tornar uma tela em branco onde você pinta uma vida que reflete a beleza da sua alma.

Então respire fundo.
Deixe seu coração falar.
E inicie essa sagrada jornada de cura emocional e autoconhecimento.

Bem-vindo ao Vozes do Coração.

PARTE I – FUNDAMENTOS DA CURA INTERIOR

Abraçando o Amor Próprio e o Perdão

Descubra o profundo impacto do perdão

No primeiro capítulo deste livro transformador, mergulhamos nos aspectos fundamentais do amor próprio e do perdão. Descubra o profundo impacto de perdoar os outros e, mais importante, perdoar a si mesmo por mágoas e erros passados. Alivie seu coração do peso do ressentimento e abrace o poder curativo do amor e da compaixão.

O amor próprio é o alicerce de uma vida plena. Ele permite que você reconheça seu valor inerente, independentemente de julgamentos externos ou falhas passadas. Quando você se ama incondicionalmente, abre as portas para a autodescoberta e o crescimento pessoal. Através de exercícios e reflexões perspicazes, você embarcará em uma jornada de aceitação e compreensão, descobrindo a beleza que reside dentro de você.

O perdão, por outro lado, é um ato libertador de soltar emoções negativas e abrir espaço para a cura. Ao perdoar aqueles que o magoaram no passado, você se liberta das correntes do ressentimento e da amargura.

O perdão é um ato poderoso de autolibertação, permitindo que você liberte o peso pesado do ressentimento e da amargura que podem ter pesado sobre o seu coração. Não se trata de aprovar as ações dos outros ou esquecer a dor que causaram, mas sim, é um presente que você se dá - o presente da liberdade das correntes da raiva e da mágoa.

No processo do perdão, você descobrirá que não é um evento único, mas sim um desdobramento gradual de emoções e reflexões. É uma oportunidade para confrontar e reconhecer a dor que você suportou, permitindo-se sentir as emoções que surgem sem julgamento.

Através desta jornada, você descobrirá a força que reside em você, a resiliência que o conduziu através de tempos difíceis. O perdão é um ato de autocompaixão, pois você estende a mesma gentileza e compreensão a si mesmo que ofereceria a um querido amigo.

Conforme você percorre esse caminho, poderá encontrar momentos de resistência ou dúvida, e isso é completamente natural. O processo de perdão nem sempre é fácil, mas indiscutivelmente vale a pena. Você pode encontrar consolo buscando apoio de entes queridos ou até mesmo de um conselheiro profissional que possa oferecer orientação e um espaço seguro para explorar seus sentimentos.

No final das contas, o perdão é um presente que o liberta das correntes do passado, permitindo que você abrace o presente e visualize um futuro livre do peso das antigas feridas. Ele abre a porta para a cura e a possibilidade de reconstruir a confiança e cultivar relacionamentos significativos.

Lembre-se de que o perdão é uma jornada única para cada indivíduo. Não há um prazo estrito ou uma maneira correta de perdoar. É um processo profundamente pessoal que se desenrola em seu próprio ritmo. Seja gentil consigo mesmo e confie que a cada passo, você está se aproximando de encontrar paz e serenidade internas.

Embarque nessa jornada profunda de descoberta e transformação, onde a fé será a sua luz orientadora, iluminando cada passo do caminho. Conforme você se aventura no desconhecido, confie no poder da fé para guiá-lo através das reviravoltas da vida e revelar a beleza oculta que reside dentro e ao seu redor.

A fé não é apenas uma convicção; é uma força que infunde uma confiança inabalável nas possibilidades que estão à frente. Ela capacita você a transcender limitações e abraçar o desconhecido com um senso de propósito e coragem. Com a fé como sua companheira, você pode navegar pelos momentos mais sombrios, sabendo que há luz no fim do túnel.

Ao longo dessa jornada, você encontrará momentos de incerteza e desafios que podem testar sua determinação. Mas permita que a fé seja o âncora que estabiliza seu coração e fortalece seu espírito. É nesses momentos difíceis que a fé revela sua verdadeira potência, inspirando você a perseverar e a crescer mais forte a cada obstáculo superado.

Conforme você se aventura, descobrirá que a fé não está confinada ao exterior; ela também reside dentro de você. É a crença inabalável em suas habilidades, sonhos e potencial. Abrace a fé que reside em seu coração, pois ela é a fonte de sua resiliência e a força motriz por trás de suas aspirações.

Ao longo do caminho, você encontrará pessoas que compartilham da jornada da vida. Aproveite a oportunidade para construir conexões e encontrar consolo na unidade da experiência humana. Essas conexões se tornarão pilares de apoio, lembrando você de que não está sozinho em sua busca pelo crescimento e autodescoberta.

Receba cada lição de braços abertos. Quando surgir a incerteza, lembre-se de que a fé não é uma linha de chegada, mas uma viagem contínua. Deixe-a guiar você pelos altos e baixos, pela felicidade e pela dor, compreendendo que cada encontro traz sabedoria essencial e oportunidades de desenvolvimento.

Conforme você se aventura mais profundamente nessa viagem transformadora, celebre os marcos que alcança e os obstáculos que supera. Deixe a fé encher sua alma de gratidão e esperança, sabendo que a própria jornada é um presente, e cada passo dado o aproxima da pessoa que você está destinado a ser.

Portanto, com a fé como sua bússola e o amor como sua força orientadora, abrace esta jornada de descoberta e transformação. Confie no caminho que se desenrola diante de você e saiba que cada experiência, seja alegre ou desafiadora, é parte integrante do seu crescimento e evolução. Abrace essa jornada de todo o coração, pois ela é um testemunho da notável força que reside dentro de você.

De uma perspectiva clínica, o conceito de abraçar o amor próprio e o perdão tem uma importância significativa no fomento do bem-estar psicológico e na promoção do crescimento pessoal. Essa abordagem envolve cultivar um relacionamento compassivo e compreensivo consigo mesmo, o que pode ter efeitos profundos na saúde mental e na satisfação geral com a vida.

Amor Próprio: O amor próprio é o alicerce de uma autoestima e autovalor saudáveis. Do ponto de vista clínico, desenvolver o amor próprio implica reconhecer o valor inerente, praticar a autocompaixão e nutrir uma imagem positiva de si mesmo. Indivíduos que abraçam o amor próprio tendem a demonstrar maior resiliência diante de desafios e são mais propensos a adotar comportamentos de autocuidado. Isso pode ter um impacto positivo no manejo do estresse, da ansiedade e até mesmo da depressão.

Técnicas terapêuticas como a terapia cognitivo-comportamental (TCC) e a psicologia positiva frequentemente incorporam princípios de amor próprio. Essas terapias ajudam os indivíduos a reformularem percepções negativas de si mesmos, a desafiar pensamentos autocríticos e a substituí-los por perspectivas mais equilibradas e autocompassivas. Desenvolver um forte senso de amor próprio também pode facilitar relacionamentos mais saudáveis com os outros, pois indivíduos que se valorizam são mais propensos a estabelecer limites e a se comunicar de maneira eficaz.

Perdão: O perdão é um processo psicológico complexo que envolve deixar de lado o ressentimento, a raiva e os sentimentos negativos em relação a si mesmo e aos outros. De uma perspectiva clínica, praticar o perdão pode trazer benefícios terapêuticos significativos. Manter rancor e raiva não resolvida pode contribuir para a ansiedade, a depressão e até mesmo problemas de saúde física. Por outro lado, abraçar o perdão pode levar à cura emocional e ao bem-estar psicológico aprimorado.

Terapias como a terapia cognitivo-focada no perdão e intervenções baseadas em mindfulness incorporam princípios de perdão. Essas terapias guiam os indivíduos pelo processo de reconhecimento de suas emoções, compreensão da perspectiva do ofensor e gradual liberação do fardo emocional associado à mágoa. O perdão não significa necessariamente aprovar comportamentos prejudiciais; pelo contrário, trata-se de libertar a si mesmo do peso emocional que vem com a manutenção de sentimentos negativos.

Integração: Integrar o amor próprio e o perdão pode ser uma abordagem poderosa na terapia. À medida que os indivíduos desenvolvem o amor próprio, eles se tornam mais capazes de praticar o perdão, tanto em relação a si mesmos quanto aos outros. Quando alguém está enraizado no amor próprio, é mais provável que aborde o perdão a partir de um lugar de força, em vez de um sentimento de vulnerabilidade. Essa integração pode levar a um aumento da autoconsciência, regulação emocional e habilidade para lidar com os desafios da vida com maior resiliência.

É importante observar que abraçar o amor próprio e o perdão é uma jornada que requer tempo e esforço. Profissionais clínicos, como terapeutas e conselheiros, desempenham um papel crucial ao orientar os indivíduos por esse processo. Por meio de uma combinação de técnicas terapêuticas, exercícios e diálogo de apoio, os indivíduos podem gradualmente abraçar esses princípios e experimentar mudanças positivas profundas em seu bem-estar psicológico e qualidade de vida como um todo.

PARTE 2 – CONEXÕES E RELACIONAMENTOS SAUDÁVEIS

Descobrindo o Poder da Fé e do Amor

Descubra o profundo impacto

Neste segundo capítulo deste livro transformador, vamos explorar os elementos fundamentais da fé e do amor. Descubra o impacto profundo de ter fé em si mesmo e nos outros, e como o amor é a força motriz capaz de mudar vidas e superar desafios.

A fé é uma crença inabalável no potencial e na bondade que existe dentro de cada um de nós. É a convicção de que, não importa quão difíceis sejam as circunstâncias, temos a capacidade de superá-las e alcançar nossos objetivos. Ao nutrirmos a fé em nossos corações, encontramos a coragem para enfrentar obstáculos e perseverar em nossos sonhos mais profundos.

E o amor, ah, o amor é uma força poderosa que transcende fronteiras e barreiras. Ele cura feridas antigas, une corações e preenche nossas vidas com alegria e significado. Neste capítulo, vamos mergulhar nas várias formas de amor - o amor por si mesmo, o amor pelos outros e o amor universal que conecta toda a humanidade. Através de exemplos inspiradores, você verá como o amor tem o poder de transformar vidas e tornar o impossível possível.

Ter fé e amor não significa que não enfrentaremos dificuldades ou tristezas, mas essas forças nos ajudarão a encontrar significado e esperança mesmo nos momentos mais sombrios. A fé nos lembrará de que somos capazes de superar qualquer adversidade, e o amor nos guiará no caminho da compaixão e empatia para com os outros.

Enquanto mergulhamos nas profundezas da fé e do amor, você será convidado a refletir sobre suas próprias crenças e emoções. Como você pode fortalecer sua fé em si mesmo e em seus sonhos? Como pode cultivar o amor em todas as suas formas, irradiando-o para o mundo ao seu redor?

A força que reside dentro de você, pronta para ser despertada pela fé e nutrida pelo amor. Permita-se ser inspirado por histórias de coragem e compaixão, e encontre o poder para abraçar a vida com fé inabalável e amor incondicional.

O amor, com seu poder extraordinário, detém a chave para transformar vidas e alcançar o aparentemente impossível. É uma força que transcende barreiras, desafia a lógica e toca os cantos mais profundos de nossas almas. O amor pode pegar aqueles de coração partido e curar suas feridas, transformando a dor em força e resiliência.

Na presença do amor, as pessoas encontram coragem que nunca souberam que tinham. Ele alimenta a determinação e impulsiona indivíduos a conquistar montanhas que antes pareciam intransponíveis. O amor acende uma chama interior, um desejo apaixonado de fazer a diferença e deixar um impacto duradouro no mundo.

Quando o amor permeia os relacionamentos, ele nutre a confiança e o entendimento. Ele une as pessoas em laços inquebráveis, fornecendo apoio inabalável através dos testes e tribulações da vida. O amor incentiva a comunicação, empatia e compromisso, criando uma dança harmoniosa entre as almas.

O poder transformador do amor se estende além das relações pessoais. Ele tem o potencial de curar comunidades e superar divisões. Através de atos de amor e bondade, indivíduos podem consertar as fraturas na sociedade e criar um ambiente harmonioso para que todos prosperem.

Além disso, o amor se estende à relação que temos conosco mesmos. Abraçar o amor próprio nos permite abraçar nossas falhas e imperfeições com compaixão. Isso nos capacita a abraçar o crescimento e celebrar nossa singularidade. O amor instila um profundo senso de dignidade, erradicando a autodúvida e substituindo-a pela autoconfiança.

Em momentos de desespero e falta de esperança, o amor se torna uma luz guia, iluminando o caminho à frente. Ele oferece consolo durante as horas mais sombrias da vida, nos lembrando que não estamos sozinhos em nossas lutas. O amor fortalece a resiliência, nos permitindo nos erguer novamente quando confrontados com adversidades.

O amor não é apenas uma emoção passageira; é um reservatório de força e fortitude. Ele impulsiona a humanidade para atos de grandeza e alimenta aspirações além da imaginação. Ele nos ensina a enxergar a beleza na diversidade e abraçar a unidade que reside em nossa experiência humana compartilhada.

Como Desenvolver o Nosso Amor-Próprio

Desenvolver o amor-próprio é uma jornada de reconexão consigo mesmo - um processo de reconhecimento do nosso valor, respeito pelos nossos limites e aceitação das nossas imperfeições. Amar a si mesmo não é egoísmo, é uma necessidade essencial para viver com equilíbrio, autenticidade e bem-estar emocional.

Aqui estão algumas maneiras de cultivar o amor-próprio no dia a dia:

- Pratique a Autoconsciência: Observe seus pensamentos, sentimentos e comportamentos. Pergunte-se: O que estou sentindo? Por que estou agindo assim? Conhecer a si mesmo é o primeiro passo para se amar de verdade.
- Aceite Suas Imperfeições: Você não precisa ser perfeito para ser digno de amor. Reconhecer suas falhas com compaixão é libertador. Abrace a sua humanidade.
- Estabeleça Limites Saudáveis: Dizer "não" quando necessário é um ato de amor-próprio. Proteger sua energia e seu tempo é respeitar a si mesmo.
- Cuide do Seu Corpo e da Sua Mente: Alimente-se bem, descanse, movimente-se e busque momentos de silêncio ou espiritualidade. O autocuidado fortalece o vínculo com você mesmo.
- Fale Com Você com Gentileza: Repare como você se trata internamente. Substitua a autocrítica por palavras de incentivo e apoio, como faria com um amigo querido.
- Cerque-se de Pessoas que Te Valorizam: Relacione-se com quem te respeita, te ouve e te encoraja. O ambiente certo nutre o seu amor-próprio.
- Perdoe-se: Todos erramos. Aprender com os erros e seguir em frente é um gesto poderoso de autoamor e maturidade emocional.

- Valorize Suas Conquistas: Reconheça o seu progresso, mesmo que pequeno. Celebrar as vitórias reforça sua autoestima e motiva novos passos.

Desenvolver o amor-próprio é uma jornada contínua - um compromisso diário com a sua essência, com a sua cura e com a construção de uma vida plena e significativa. Quando você aprende a se amar, torna-se mais apto a amar os outros com verdade, equilíbrio e generosidade.

Ao testemunharmos o poder transformador do amor em nossas vidas e na vida daqueles ao nosso redor, reconhecemos o seu potencial ilimitado. O amor é capaz de curar feridas profundas, preencher vazios emocionais e reacender a chama da esperança onde antes havia escuridão.

Quando escolhemos o amor como nosso guia, caminhamos por um caminho de crescimento, conexão e infinitas possibilidades. Vamos acolher essa força divina e poderosa, pois ao fazer isso, abrimos as portas para um mundo onde o impossível se torna realidade - e onde o amor reina soberano.

Nutrindo Laços Familiares e Conexões Significativas

Cultive os Laços Familiares

Embarcamos em uma expedição reconfortante para nutrir laços familiares e criar relacionamentos significativos que aprimoram nossa humanidade. A família, seja ela conectada pelo sangue ou escolhida através do afeto, lança os alicerces de nossa existência, moldando nossos princípios, convicções e o sentimento de fazer parte de algo maior.

Dentro do abraço da família, encontramos um santuário de amor, apoio, confiança e compreensão. É um lugar onde podemos ser nossos verdadeiros e autênticos eu, sabendo que somos aceitos e queridos incondicionalmente. Enquanto exploramos as dinâmicas familiares, descobrimos a alegria das experiências compartilhadas e a resiliência que surge ao enfrentarmos desafios juntos.

Os laços familiares vão além da mera proximidade; eles são fios que entrelaçam corações e almas. Essas conexões servem como uma bússola, nos orientando pelas reviravoltas imprevisíveis da vida. Nos momentos de celebração, a família se alegra conosco, e nos momentos de tristeza, eles se tornam nossos pilares de força.

No entanto, a família não se restringe apenas às relações de sangue. A beleza das conexões humanas reside na diversidade de nossos relacionamentos. Amizades, mentores e a Divindade também enriquecem nossas vidas com sua presença. Através dessas conexões significativas, expandimos nosso entendimento do mundo e de nós mesmos, encontrando novas perspectivas e paixões compartilhadas.

Ao nutrirmos esses laços, descobrimos o poder transformador do cuidado genuíno e da compaixão. Pequenos gestos de amor e atos de bondade criam ondas de positividade, espalhando alegria ao longo de nossas vidas. Aprendemos a ouvir com empatia e a estender a mão quando necessário, formando um grupo de apoio que nos sustenta durante os desafios da vida.

A profunda influência da família e das relações em nossa felicidade e desenvolvimento individual. Contemplamos a sabedoria que eles compartilham, os momentos que moldam e os laços inseparáveis que tecem. Vamos pausar para refletir sobre a sabedoria inestimável que eles conferem, as memórias queridas que constroem e as conexões indeléveis que formam.

Família não é apenas uma palavra; é um vínculo profundo que molda nossas vidas de maneiras profundas. Desde o início, nossas famílias se tornam nossos primeiros professores, transmitindo lições valiosas que lançam os alicerces de nosso caráter e valores. Através de sua orientação e sabedoria, aprendemos sobre amor, empatia e a importância de estarmos ao lado uns dos outros nos momentos bons e ruins.

As memórias criadas dentro do abraço da família se tornam tesouros preciosos que carregamos ao longo de nossas vidas. Desde celebrações jubilantes até momentos ternos compartilhados, essas lembranças servem como fonte de conforto e nostalgia, lembrando-nos do amor e da alegria que têm iluminado nossas vidas.

Mas talvez o aspecto mais notável da família seja os laços inquebráveis que eles tecem. O tempo e a distância podem nos separar fisicamente, mas o vínculo familiar permanece inabalável. É uma conexão forjada no cadinho de experiências compartilhadas, risos e lágrimas. Esses laços se estendem além das limitações do tempo e, mesmo diante de desafios, eles perduram, fortalecendo nosso senso de pertencimento e apoio.

Dentro do abraço da família, encontramos aceitação e um refúgio seguro para nosso verdadeiro eu. É um lugar onde podemos ser vulneráveis, sabendo que seremos acolhidos de braços abertos e corações amorosos. Através das marés da vida, a família permanece uma presença constante, proporcionando um senso de estabilidade e pertencimento.

Ao refletirmos sobre as lições da família, reconhecemos que elas se estendem para além das paredes de nossas casas. A família se estende aos amigos que se tornam como familiares, aos mentores que nos guiam com sua sabedoria e às comunidades que oferecem um senso de pertencimento. A essência da família reside nos laços de amor e cuidado que nos unem como seres humanos.

Nos momentos de triunfo, a família se alegra conosco, e nos momentos de dificuldade, eles se tornam nossos pilares de força. Eles são nossos maiores torcedores, proporcionando um apoio inabalável em nossos empreendimentos e oferecendo um ombro para apoiar quando a vida se torna avassaladora.

À medida que continuamos nesta jornada de descoberta e transformação, a fé servirá como nossa luz guia. É a fé que nos lembra do vínculo inabalável da família, mesmo em tempos de distância ou adversidade. É a fé que fortalece nossas conexões, promovendo compreensão e perdão. Com a fé como nossa companheira constante, abraçamos a beleza da família e das conexões, reconhecendo-as como presentes preciosos que nos moldam nas melhores versões de nós mesmos.

Parentalidade Emocional

É importante reconhecer que muitas pessoas passaram por situações em que seus pais ou cuidadores não estavam emocionalmente disponíveis quando precisavam deles. "Se você passou por tal experiência, quero expressar minha simpatia por quaisquer dificuldades ou dor que possa ter enfrentado como resultado."

Quando os pais ou cuidadores estão emocionalmente indisponíveis ou incapazes de oferecer suporte adequado durante estágios cruciais de desenvolvimento, isso pode ter efeitos profundos na saúde mental e emocional de uma pessoa. Tais experiências podem levar a uma série de desafios emocionais e psicológicos, incluindo dificuldades em formar vínculos seguros, baixa autoestima, ansiedade, depressão e problemas nas relações interpessoais. Esses efeitos podem decorrer da falta de validação emocional consistente e cuidado durante momentos cruciais do desenvolvimento emocional.

É importante reconhecer que nem todos os pais ou cuidadores negligenciam intencionalmente as necessidades emocionais. Às vezes, diversos fatores, como seus próprios estressores de vida, história pessoal ou falta de conhecimento sobre parentalidade emocional, podem contribuir para seu comportamento.

Em toda família, a confiança serve como base para relacionamentos saudáveis e um ambiente harmonioso. No entanto, há momentos em que a confiança pode ser quebrada devido a várias circunstâncias. Quando isso acontece, é crucial abordar a situação de maneira construtiva para preservar os laços dentro da família.

O vínculo entre uma criança e seus pais ou cuidadores é um pilar do seu desenvolvimento emocional e bem-estar geral. Quando esse vínculo é comprometido e a confiança é perdida, pode ter repercussões emocionais e psicológicas profundas na criança.

A confiança serve como base para o senso de segurança, estabilidade e apego de uma criança. Quando essa confiança é quebrada, o mundo da criança pode virar de cabeça para baixo, levando a uma cascata de emoções e um possível trauma, e a criança pode interpretar isso como uma forma de abandono ou rejeição.

Uma das principais emoções que uma criança pode vivenciar quando a confiança é perdida é um profundo sentimento de traição. As pessoas em quem eles confiavam para amor, cuidado e proteção os decepcionaram, causando dor emocional profunda. Essa traição pode levar a sentimentos de mágoa, tristeza e até mesmo raiva, enquanto a criança luta para compreender por que foi decepcionada. Eles podem questionar sua própria autoestima e se perguntar se são de alguma forma responsáveis pela quebra da confiança. Isso pode levar a sentimentos de insegurança e ao medo de serem abandonados por outros no futuro. Da mesma forma, também pode desencadear ansiedade e medo em uma criança.

Perdoar os pais requer tempo, auto-reflexão e autocompaixão. Ao reconhecer seus sentimentos, buscar apoio profissional, refletir sobre a humanidade deles, estabelecer limites, praticar o autocuidado, escrever uma carta, liberar o ressentimento e focar no seu crescimento, você pode gradualmente soltar o domínio do passado e encontrar o caminho para o perdão. Lembre-se de que perdoar não se trata de desculpar suas ações, mas de se libertar dos fardos emocionais que o prendem.

Aqui estão várias sugestões para ajudá-lo a navegar em suas emoções:

- O primeiro passo em direção ao perdão é reconhecer e validar seus sentimentos. Compreenda que a dor e a raiva que você sente são respostas válidas ao trauma que você vivenciou. Dê a si mesmo permissão para sentir sem julgamento e reconheça que suas emoções são uma parte essencial do processo de cura.
- Pratique a autocompaixão. Trate-se com a mesma gentileza e compreensão que você ofereceria a um amigo enfrentando uma situação semelhante. Seja paciente consigo mesmo e evite se culpar, reconhecendo que a cura leva tempo e esforço.
- A terapia ou aconselhamento podem proporcionar um espaço seguro para processar suas emoções e traumas. Um terapeuta qualificado pode oferecer orientação, ferramentas e estratégias de

enfrentamento para ajudá-lo a navegar pelas complexidades do perdão aos seus pais. Eles podem fornecer uma perspectiva objetiva e ajudá-lo a desenvolver um plano de cura personalizado.

- Reconheça que seus pais são seres humanos com suas próprias falhas e lutas. Reflita sobre os fatores que podem ter influenciado o comportamento deles, como a criação, experiências e desafios. Essa reflexão pode humanizá-los e promover um senso de empatia, permitindo que você os veja com maior compreensão.
- Conforme você trabalha em direção ao perdão, é essencial estabelecer limites saudáveis. Determine quais interações e conversas você se sente confortável e comunique seus limites de maneira assertiva, mas respeitosa. Limites ajudam a proteger seu bem-estar emocional, ao mesmo tempo em que permitem espaço para a cura.
- Envolver-se em atividades de autocuidado que promovam seu bem-estar emocional, mental e físico é fundamental. Participar de hobbies, fazer exercícios, praticar a atenção plena e passar tempo com amigos de apoio pode elevar seu ânimo e contribuir para sua jornada geral de cura.
- Pense em escrever uma carta para seus pais, expressando seus sentimentos, experiências e o impacto de suas ações em sua vida. Essa carta pode ser um meio terapêutico, mesmo que você escolha não enviá-la. Colocar seus pensamentos por escrito pode ajudá-lo a processar suas emoções e ganhar clareza.
- O ressentimento pode pesar muito em seu coração e dificultar seu processo de cura. Pratique técnicas

como meditação, visualização ou escrita em diário para liberar sentimentos de ressentimento. Visualize-se deixando de lado emoções negativas e substituindo-as por sentimentos de compaixão e compreensão.

- Desloque seu foco do passado para o seu crescimento presente e futuro. Defina metas pessoais, cultive suas paixões e invista no seu desenvolvimento pessoal. Cultive um senso de propósito e capacitação que se estenda além da dor do passado.
- Intervenções terapêuticas, como a psicoterapia, podem desempenhar um papel significativo ao abordar essas feridas emocionais. Através dos processos terapêuticos, os indivíduos podem explorar suas experiências precoces, entender como elas impactaram seus padrões emocionais atuais e trabalhar em direção à cura e ao desenvolvimento de mecanismos de enfrentamento mais saudáveis.

A notável narrativa de Jesus exemplificando o perdão ao perdoar aqueles que lhe causaram dano serve como uma lição profunda para a humanidade. Enquanto navegamos pelas complexidades da vida, também podemos encontrar consolo e sabedoria ao seguir seus passos, aprendendo a perdoar aqueles que nos magoaram profundamente. A demonstração de perdão por parte de Jesus é talvez melhor capturada em suas palavras na cruz: "Pai, perdoa-lhes, porque não sabem o que fazem." No meio da dor e do sofrimento excruciantes, ele estendeu seu perdão àqueles que o crucificaram. Esse ato de compaixão e graça não apenas evidencia a natureza divina de Jesus, mas também destaca o potencial transformador do perdão.

Embora as circunstâncias de nossas vidas possam ser diferentes das de Jesus, o princípio fundamental do perdão permanece universalmente aplicável. Manter o ressentimento e a raiva pode criar um ciclo de negatividade que prejudica nosso crescimento pessoal e relacionamentos. "Seguindo o exemplo de Jesus, podemos nos libertar dessas correntes e cultivar um ambiente de cura e reconciliação dentro de nós mesmos."

Portanto, avancemos por este caminho esclarecedor, valorizando nossos entes queridos e apreciando as conexões que tornam a vida verdadeiramente significativa. Ao nutrirmos laços familiares e abraçarmos a beleza das conexões humanas, passamos a compreender o imenso valor que elas trazem para nossas vidas e para o mundo ao nosso redor.

Construindo Relacionamentos Sólidos e Fazendo Novos Amigos

O poder de construir relacionamentos fortes

Construir relacionamentos sólidos e fazer novos amigos são aspectos essenciais de uma vida gratificante e enriquecedora. No mundo de hoje, rápido e digitalmente conectado, construir relacionamentos sólidos e fazer novos amigos pode parecer um conceito antiquado. No entanto, a verdade é que essas práticas antigas ainda possuem um poder imenso e relevância na formação de nossas vidas para melhor. Não apenas enriquecem nossas experiências pessoais, mas também têm um impacto significativo em nossas vidas profissionais e bem-estar geral. Vamos explorar o potencial transformador de nutrir relacionamentos e expandir nossos círculos sociais, e como essa ferramenta poderosa pode ajudá-lo a superar os outros e alcançar o sucesso no cenário digital.

No ensinamento, o conceito de construir relacionamentos sólidos e fazer novos amigos frequentemente é destacado como uma empreitada valiosa e virtuosa. Embora as referências específicas possam variar entre diferentes fé, os princípios subjacentes geralmente enfatizam a importância do amor, compaixão e união entre os indivíduos. No Cristianismo, a Bíblia enfatiza o significado do amor e cuidado genuíno pelos outros. Um dos ensinamentos mais conhecidos é encontrado no Novo Testamento, no livro de Marcos (Marcos 12:31), onde Jesus declara: "Ame o seu próximo como a si mesmo." Este mandamento realça o valor de tratar os outros com a mesma gentileza e respeito que desejamos para nós mesmos.

Construir relacionamentos sólidos e fazer novos amigos pode ser visto como uma extensão desse amor, pois envolve se aproximar dos outros e cultivar conexões significativas. Ao abraçar o poder dos relacionamentos, os indivíduos podem criar um mundo mais harmonioso e compassivo.

Os Fundamentos das Conexões Humanas: No cerne de nossa existência reside a necessidade inata de conexão humana. Somos seres sociais, e nossa capacidade de formar relacionamentos é o que nos distingue de outras espécies. Construir relacionamentos sólidos trata de criar laços significativos que fomentam confiança, apoio e compreensão. Vai além de meros conhecidos; envolve investir tempo, esforço e cuidado genuíno para cultivar conexões duradouras.

O Impacto na Felicidade e Bem-estar: Inúmeros estudos têm destacado a correlação positiva entre a qualidade dos relacionamentos e a felicidade e bem-estar geral de um indivíduo. Quando nos cercamos de pessoas que nos elevam, compartilham nossas alegrias e oferecem um ombro durante momentos difíceis, experimentamos um senso de pertencimento e segurança emocional. Esses relacionamentos positivos atuam como um amortecedor contra o estresse, ansiedade e sentimentos de isolamento, promovendo o bem-estar mental e emocional.

Fortalecendo Redes Profissionais: Construir relacionamentos sólidos não se limita à vida pessoal; estende-se também aos nossos empreendimentos profissionais. No cenário empresarial competitivo de hoje, a rede de contatos desempenha um papel fundamental no sucesso. Ao estabelecer conexões com profissionais de mentalidade semelhante, ganhamos acesso a recursos valiosos, insights da indústria e possíveis colaborações. A sinergia que surge de uma rede profissional bem nutrida pode impulsionar o crescimento da carreira e abrir novas oportunidades.

Fazendo Novos Amigos: Conforme crescemos e evoluímos, fazer novos amigos se torna um aspecto essencial do crescimento pessoal. Abraçar novas amizades nos permite ampliar nossos horizontes, obter perspectivas frescas e aprender com experiências diversas. Sair da nossa zona de conforto para conhecer novas pessoas não apenas expande nossos círculos sociais, mas também alimenta nossa curiosidade e enriquece nossas vidas.

Superando Desafios na Construção de Relacionamentos: Nutrir relacionamentos e fazer amigos nem sempre é uma jornada tranquila. Requer esforço, vulnerabilidade e disposição para superar desafios. Comunicar-se abertamente, ser empático e ouvir ativamente são fatores-chave que contribuem para conexões saudáveis e duradouras. Além disso, compreender e respeitar as diferenças individuais solidifica ainda mais esses laços.

Construindo Relacionamentos na Era Digital: Em uma era em que a tecnologia domina nossas interações, construir relacionamentos significativos na era digital apresenta seu conjunto único de desafios. Embora as plataformas de mídia social ofereçam conveniência para se conectar com outros, elas também podem criar uma sensação de desconexão e superficialidade. Encontrar um equilíbrio entre interações online e offline é crucial para construir relacionamentos autênticos.

O Papel da Empatia e Compreensão: A empatia é o alicerce sobre o qual se constroem relacionamentos sólidos. Ao nos colocarmos no lugar dos outros e buscarmos entender suas perspectivas, cultivamos a compaixão e criamos um espaço seguro para a comunicação aberta. Demonstrar empatia não apenas aprimora os relacionamentos existentes, mas também atrai novas conexões.

Expandindo o Seu Círculo Social: Equilibrando Qualidade e Quantidade

No âmbito da formação de novos relacionamentos, existe um delicado equilíbrio entre qualidade e quantidade. Embora a inclinação para avaliar nosso sucesso social com base no mero número de amigos e seguidores seja forte, é a profundidade e autenticidade dessas conexões que realmente importam. Vamos explorar os desafios de construir novos relacionamentos e a importância de encontrar o equilíbrio certo entre o número de amigos e a profundidade dessas amizades.

O processo de estabelecer novas conexões exige um investimento considerável de tempo e esforço. Para realmente conhecer alguém e desenvolver um relacionamento significativo, experiências compartilhadas, conversas envolventes e uma base de entendimento mútuo são essenciais. No entanto, essa empreitada não é sem seus desafios. Muitos indivíduos se veem lutando para alocar tempo e energia suficientes para cultivar novas amizades, especialmente ao lidar com compromissos existentes, como trabalho, família e hobbies.

Um dos obstáculos mais formidáveis para formar novas amizades é o medo da rejeição. Esse medo pode ser paralisante, fazendo com que as pessoas hesitem ao se aproximar de novas pessoas ou se envolverem em ambientes sociais desconhecidos. Experiências passadas negativas, situações em que foram deixadas de lado ou até mesmo enfrentando ridicularização podem amplificar esse medo, levando as pessoas a se refugiarem nos seus círculos sociais estabelecidos onde a aceitação já foi conquistada.

Qualidade acima de Quantidade: No meio da busca por expandir nossos círculos sociais, é crucial reconhecer que o verdadeiro valor está na qualidade dos relacionamentos, em vez do mero número de conexões. Um punhado de amigos genuínos e solidários pode ter um impacto mais profundo em nossas vidas do que uma extensa rede de conhecidos superficiais. A profundidade da conexão emocional, valores compartilhados e confiança mútua contribuem para uma experiência social mais gratificante e satisfatória.

Em vez de se preocupar em acumular um alto volume de conhecidos, considere direcionar sua energia para nutrir os relacionamentos que você já possui. Cultivar amizades existentes, investir no crescimento delas e manter uma comunicação regular pode resultar em conexões mais significativas e duradouras. Ao focar na qualidade das interações, você cria um sistema de apoio que melhora seu bem-estar emocional e enriquece sua vida.

Quando um amigo querido parte, é natural ser inundado por perguntas e um sentimento de saudade. Neste artigo, mergulhamos nas complexidades das despedidas, buscando fornecer discernimento e perspectiva para a pergunta que frequentemente permanece em nossas mentes: "Por que meu amigo partiu?" A perspectiva divina revela o propósito por trás das amizades breves que diminuem e partem. Tais conexões não carecem de significado; em vez disso, oferecem insights sobre a flexibilidade da existência. Almas se cruzam por breves momentos para transmitir sabedoria, inspirar crescimento ou acender uma centelha de transformação. Em sua natureza efêmera, essas conexões nos lembram da impermanência que subjaz à experiência humana.

Em primeiro lugar, é essencial reconhecer que a vida é uma jornada marcada por mudanças constantes. As pessoas evoluem, circunstâncias se alteram e caminhos se divergem. Assim como as estações se transformam, as amizades também passam por seu próprio fluxo. As despedidas frequentemente são uma manifestação do ritmo natural da vida, à medida que indivíduos seguem seus próprios caminhos de crescimento e exploração.

Mantenha em mente que a partida de seu amigo pode significar que a jornada dele agora é guiada por um novo conjunto de aspirações, experiências ou objetivos distintos daqueles do passado compartilhado. Às vezes, as despedidas ocorrem quando um indivíduo reconhece a necessidade de mudança, buscando novas experiências e oportunidades de crescimento que estão além das fronteiras de sua conexão atual. Essa jornada de autodescoberta pode levar amigos por caminhos separados que, no fim das contas, contribuem para sua evolução pessoal.

Embora as despedidas possam evocar um sentimento de perda, é essencial abraçar a mudança com graça. Amigos partem por razões além do controle de qualquer um, e nutrir ressentimento ou tristeza pode prejudicar o crescimento pessoal. Em vez disso, concentre-se em valorizar os momentos compartilhados, honrar a conexão que existiu e dar as boas-vindas aos novos capítulos que estão à frente.

A Essência do Equilíbrio

Em última análise, a busca por novas amizades deve ser guiada pelo equilíbrio. Embora haja valor em conhecer novas pessoas e ampliar seus horizontes sociais, é igualmente essencial investir tempo e energia em cultivar conexões profundas e significativas. Equilibre seus esforços entre forjar novos relacionamentos e nutrir os existentes para criar uma vida social harmoniosa e gratificante.

A Essência das Conexões Significativas: Nós exploramos a essência das conexões significativas - aquelas que vão além das interações superficiais. Relacionamentos genuínos são construídos na confiança, respeito mútuo e experiências compartilhadas.

O Impacto no Bem-Estar: Pesquisas destacam o profundo impacto das relações positivas em nosso bem-estar. Amizades próximas e apoio social contribuem para a redução do estresse, melhoria da saúde mental e aumento da satisfação com a vida.

A Arte da Escuta: A escuta ativa se torna a base para construir relacionamentos sólidos. Exploramos a arte da escuta, que fomenta a compreensão, empatia e conexão emocional.

Superando Obstáculos Sociais: Para certas pessoas, estabelecer novas amizades pode apresentar dificuldades devido a barreiras sociais. Supere a timidez e inicie diálogos. Invista tempo em expandir o círculo de amigos sociais.

O Papel de Interesses Compartilhados: Interesses compartilhados atuam como catalisadores poderosos para formar conexões. Nós encorajamos a explorar hobbies e se juntar a comunidades para conhecer pessoas de mentalidade semelhante.

Construindo Redes de Apoio: Redes de apoio oferecem uma rede de segurança durante momentos desafiadores. Facilitam o cultivo de amizades de apoio e o estabelecimento de alianças confiáveis para você e outros.

Cultivando Empatia e Compaixão: O capítulo enfatiza a importância de cultivar empatia e compaixão. Ao compreender as perspectivas dos outros e oferecer apoio, fortalecemos a essência de nossos relacionamentos.

Celebrando Conquistas Juntos: Destacamos a alegria de celebrar as conquistas e marcos de cada um. Ao nos alegrarmos com os sucessos de nossos amigos, reforçamos os laços de camaradagem.

Resolvendo Conflitos: O conflito é uma parte natural de qualquer relacionamento. Exploramos maneiras construtivas de abordar conflitos e resolver discordâncias, promovendo crescimento e compreensão.

A Jornada de Amizades Duradouras: Amizades duradouras são joias que resistem ao teste do tempo. Valorizamos a jornada dessas conexões duradouras e apreciamos as memórias compartilhadas.

Amizades em Diferentes Etapas da Vida: À medida que a vida evolui, também evoluem nossas amizades. Discutimos como navegar em amizades em várias etapas da vida e manter um sentimento de proximidade apesar das mudanças da vida.

O Dom da Doação: Atos de bondade e generosidade fortalecem os laços com os outros. Incentivamos os leitores a serem amigos doadores e a espalhar positividade dentro de seus círculos sociais.

O Impacto no Crescimento Pessoal: Por último, exploramos o impacto profundo dos relacionamentos no crescimento pessoal. Conexões significativas nos desafiam a ser versões melhores de nós mesmos e contribuem para nossa jornada de autodescoberta.

PARTE 3 – AUTOCONHECIMENTO E IDENTIDADE

Estilo de Apego e Relacionamentos

Estilos de Anexo

No contexto dos relacionamentos, "estilos de apego" se referem aos padrões emocionais e estratégias que os indivíduos desenvolvem na forma como se relacionam com os outros, especialmente em relacionamentos íntimos. Esses estilos de apego geralmente são formados na primeira infância com base nas interações e experiências com os cuidadores primários (geralmente os pais).

Existem quatro estilos principais de apego:

1. **Apego Seguro:** Pessoas com estilo de apego seguro costumam sentir-se confortáveis com a intimidade emocional e geralmente conseguem confiar em seus parceiros. Eles têm uma visão positiva de si mesmos e dos outros, além de conseguirem comunicar eficazmente suas necessidades e emoções.
2. **Apego Ansioso:** Indivíduos com estilo de apego ansioso frequentemente se preocupam com o amor e a aprovação de seus parceiros. Eles podem buscar constantemente reassentimento e temer a rejeição. Podem ser excessivamente sensíveis a qualquer sinal de possível abandono e podem enfrentar problemas de autoestima.
3. **Apego Evitativo:** Aqueles com estilo de apego evitativo tendem a valorizar a independência e podem ter dificuldade com a intimidade emocional. Eles

podem evitar a proximidade e a intimidade, reprimir emoções e preferir lidar com seus problemas por conta própria.
4. **Apego Temeroso-Evitativo:** Este estilo de apego é uma combinação de tendências ansiosas e evitativas. Indivíduos com apego temeroso-evitativo podem desejar proximidade emocional, mas também temem ser feridos ou rejeitados, o que os leva a se comportar de maneira ambivalente nos relacionamentos.

É importante observar que os estilos de apego podem influenciar como as pessoas interagem em seus relacionamentos românticos, amizades e até mesmo em seus relacionamentos com familiares e colegas de trabalho. Compreender o seu próprio estilo de apego e o de seu parceiro pode ajudar a melhorar a comunicação, a empatia e a satisfação geral no relacionamento. Além disso, o conhecimento sobre os estilos de apego pode ser útil para identificar e abordar possíveis problemas que possam surgir devido a diferentes padrões de apego entre os parceiros.

Estilos de Apego e sua Influência nos Relacionamentos

Os estilos de apego desenvolvidos na infância têm um impacto significativo em nossos relacionamentos adultos. Esses estilos influenciam como percebemos a segurança, interpretamos nossas experiências e formamos conexões íntimas com os outros. Embora os indivíduos possam apresentar comportamentos ao longo do continuum de estilos de apego, a maioria tende a ter um estilo principal. Vamos explorar os diferentes estilos de apego e seus efeitos nos relacionamentos:

Adultos Seguros/Autônomos: Adultos com estilos de apego seguros têm uma compreensão coerente e honesta de suas experiências de apego. Valorizam e apreciam a importância do apego e têm uma visão realista do passado e do presente. Esses indivíduos provavelmente também têm filhos com apego seguro. Suas bagagens emocionais não impedem sua capacidade de serem pais responsivos e sensíveis. Eles são proativos em seus relacionamentos, em vez de reativos.

Adultos Desprezativos: Adultos com estilo de apego desprezativo estão relutantes ou incapazes de confrontar suas experiências de apego passadas de maneira coerente. Minimizam a importância do apego e podem evitar lidar com suas próprias emoções. Como pais, tendem a rejeitar e desvalorizar seus filhos. Seus filhos frequentemente desenvolvem padrões de apego evitativo como resultado.

Adultos Preocupados: Adultos com estilo de apego preocupado estão excessivamente focados e confusos por questões familiares não resolvidas de seu passado. Permanecem emocionalmente envolvidos com esses problemas, levando a inconsistência e imprevisibilidade em seus relacionamentos. Seus filhos frequentemente desenvolvem padrões de apego ambivalente devido às questões não resolvidas de seus pais.

Adultos Não Resolvidos: Adultos não resolvidos passaram por traumas graves e perdas dolorosas durante a infância, como abuso e negligência. Não resolveram essas feridas emocionais e, como resultado, podem apresentar comportamentos ameaçadores, abandonadores ou assustadores em relação a seus próprios filhos. Essas crianças frequentemente desenvolvem padrões de apego desorganizados e desorientados, levando aos vínculos mais inseguros e disfuncionais.

Modificando Seu Estilo de Apego: O estilo de apego aprendido a partir das experiências da primeira infância se torna o modelo pelo qual os indivíduos medem sua autoestima e capacidade de empatia, cuidado e autenticidade. As crianças veem seus pais como figuras onipotentes e, se seus pais têm opiniões negativas sobre eles, as crianças internalizam essas opiniões e as incorporam em sua autopercepção. Críticas regulares ou tratamento depreciativo podem levar a uma autoestima danificada.

Compulsão à Repetição e Relacionamentos: Temos uma inclinação biológica para buscar e manter vínculos com outras pessoas, aprendendo lições de amor, confiança e interdependência. A qualidade de nossos relacionamentos centrais afeta profundamente nosso bem-estar e saúde. A felicidade conjugal é um forte indicador da satisfação geral com a vida. No entanto, os indivíduos frequentemente atraem inconscientemente parceiros que recriam conflitos e crenças do passado na tentativa de resolver questões da infância. Esse fenômeno é conhecido como "compulsão à repetição". Com o tempo, conflitos não resolvidos e antigas mágoas podem ressurgir e afetar os relacionamentos atuais.

Unindo Diferenças nos Relacionamentos: No início de um relacionamento, as diferenças entre os parceiros são facilmente toleradas, e ambos os indivíduos fazem esforços para agradar um ao outro. No entanto, à medida que o relacionamento se torna mais familiar, surgem estresses e os estilos de apego vêm à tona. Os parceiros podem ter estilos de apego diferentes, levando a atitudes e comportamentos contrastantes no relacionamento. Tentar mudar a outra pessoa para que se encaixe em nossas crenças raramente funciona e pode levar a conflitos.

Estilos de Apego em Crianças

Com base em seus comportamentos, as crianças podem ser categorizadas em quatro estilos de apego, que refletem seu relacionamento com seus cuidadores principais, geralmente sua mãe ou pai. Embora tenha sido uma vez acreditado que as mães eram as únicas figuras de apego primárias, pesquisas subsequentes mostraram que as crianças podem formar vínculos com ambos os pais. Os comportamentos que as crianças exibem quando estão angustiadas revelam a qualidade de seus vínculos. Vamos explorar os quatro estilos de apego vistos em crianças:

Apego Seguro: Crianças com apego seguro esperam que seus pais estejam presentes quando precisam. Elas buscam conforto dos pais quando estão assustadas, com fome, doentes ou preocupadas. Essas crianças conseguem usar eficazmente seus pais como fonte de apoio para se acalmarem quando estão chateadas. Crianças com apego seguro exibem uma regulação emocional saudável e buscam reasseguro de seus cuidadores.

Pais de crianças com apego seguro tendem a ser coerentes em suas discussões sobre experiências de apego. Eles conseguem falar abertamente e de maneira coerente sobre questões de apego, demonstrando um "estado de espírito autônomo".

Apego Evitativo: Crianças com apego evitativo esperam que seus pais não estejam presentes quando precisam. Se seus cuidadores consistentemente rejeitam suas tentativas de busca por reasseguro, elas desenvolvem apego evitativo. Essas crianças podem parecer indiferentes à presença de seus pais ou podem olhar brevemente para o pai ou mãe antes de se afastarem, evitando buscar conforto.

Pais de crianças com apego evitativo frequentemente desconsideram ou desvalorizam suas próprias experiências de apego. Eles podem descrever suas figuras de apego de maneira idealizada, mas têm dificuldade em fornecer exemplos específicos, exibindo um "estado de espírito de desprezo" em relação ao apego.

Apego Resistente: Crianças com apego resistente experimentam respostas inconsistentes de seus pais quando estão angustiadas. Como resultado, elas não têm certeza se suas necessidades serão atendidas ou não. Essas crianças podem ficar agitadas e inconsoláveis quando estão chateadas, exibindo comportamentos conflitantes de desejar contato com seus pais, mas resistindo a ele.

Pais de crianças com apego resistente frequentemente estão envolvidos em suas próprias questões de apego. Eles podem expressar raiva ou divagar durante discussões sobre apego, tornando desafiador responder de maneira consistente às necessidades de seus filhos. Esses pais exibem um "estado de espírito pré-ocupado" em relação ao apego.

Apego Desorganizado: Crianças com apego desorganizado exibem uma quebra nas estratégias de apego quando estão angustiadas na presença de seus pais. Essas crianças podem mostrar vários comportamentos, como entrar em estados semelhantes a transe, afastar-se do pai ou mãe ou exibir comportamentos confusos e inconsistentes que não têm um propósito claro.

Pais de crianças com apego desorganizado podem ter vivenciado traumas ou perdas não resolvidos em seu passado. Esse trauma não resolvido pode levar os pais a se comportarem de maneira assustadora ou assustada, resultando em apego desorganizado. Diz-se que eles estão "não resolvidos" em relação ao apego.

Preocupações Sobre Abuso Infantil: Nos últimos anos, a sociedade tornou-se mais aberta a discutir abuso infantil, negligência, abuso verbal e outras formas de maus-tratos. Proteger as crianças contra danos é crucial, e os adultos devem garantir sua segurança e bem-estar. O abuso infantil pode ter impactos graves e duradouros na vida adulta de uma pessoa. Além disso, o bullying, crimes de ódio e comportamentos abusivos em relacionamentos de namoro também são formas de dano que podem causar danos significativos aos indivíduos.

É importante que os pais e cuidadores estejam cientes de seus próprios estilos de apego e traumas não resolvidos para proporcionar um ambiente seguro e saudável para suas crianças. Buscar apoio, terapia e educação sobre estilos de apego pode contribuir para nutrir relacionamentos parentais positivos e romper ciclos de abuso ou negligência.

Pergunta: O que são traumas não resolvidos em crianças?

Resposta: Traumas não resolvidos em crianças se referem a feridas emocionais ou experiências angustiantes que não foram adequadamente processadas ou resolvidas. Esses traumas podem originar-se de várias fontes, como abuso, negligência, perda ou outros eventos adversos.

Pergunta: Como os traumas não resolvidos afetam as crianças?

Resposta: Traumas não resolvidos podem ter impactos significativos e duradouros no bem-estar emocional, psicológico e comportamental das crianças. Elas podem enfrentar dificuldades em regular emoções, formar relacionamentos saudáveis e lidar com o estresse.

Pergunta: Quais são alguns sinais de que uma criança pode estar lidando com traumas não resolvidos?
Resposta: Os sinais de traumas não resolvidos em crianças podem variar, mas podem incluir explosões emocionais frequentes, afastamento dos outros, dificuldade em confiar nos cuidadores, pesadelos, flashbacks e comportamentos regressivos, como fazer xixi na cama.

Pergunta: Como os traumas não resolvidos podem se manifestar no comportamento de uma criança?
Resposta: Crianças com traumas não resolvidos podem evitar certas situações ou gatilhos relacionados às suas experiências traumáticas. Elas também podem apresentar reatividade aumentada, hipervigilância ou comportamentos autodestrutivos como mecanismos de enfrentamento.

Pergunta: Traumas não resolvidos na infância podem afetar a vida adulta?
Resposta: Sim, traumas não resolvidos da infância podem afetar significativamente a vida adulta. Eles podem levar a problemas de saúde mental, dificuldades nos relacionamentos e desafios em vários aspectos da vida.

Pergunta: Como os pais ou cuidadores podem ajudar crianças com traumas não resolvidos?
Resposta: Pais e cuidadores podem apoiar crianças com traumas não resolvidos ao oferecer um ambiente seguro e acolhedor, validando seus sentimentos e buscando ajuda profissional, como terapia ou aconselhamento, para abordar os traumas de forma eficaz.

Pergunta: Qual é o papel da terapia em abordar traumas não resolvidos em crianças?
Resposta: A terapia, especialmente a terapia focada em traumas, pode ser fundamental para ajudar crianças a processar e se recuperar de traumas não resolvidos. Terapeutas utilizam técnicas com base em evidências para auxiliar as crianças a lidar com seus sentimentos, desenvolver resiliência e adotar estratégias de enfrentamento mais saudáveis.

Pergunta: Existem diferentes tipos de terapia para crianças com traumas não resolvidos?
Resposta: Sim, existem vários tipos de terapia para crianças com traumas não resolvidos, incluindo a terapia do brincar, terapia cognitivo-comportamental (TCC), dessensibilização e reprocessamento através de movimentos oculares (EMDR) e terapia baseada em apego. A escolha da terapia depende das necessidades específicas e circunstâncias da criança.

Pergunta: Uma criança pode se recuperar de traumas não resolvidos?
Resposta: Com o apoio e a intervenção adequados, muitas crianças podem se recuperar de traumas não resolvidos e seguir em frente para levar vidas satisfatórias. A intervenção precoce e um sistema de apoio carinhoso são fatores essenciais no processo de cura.

Pergunta: Como as escolas e os educadores podem apoiar crianças com traumas não resolvidos?
Resposta: As escolas e os educadores podem criar um ambiente informado sobre trauma que promova segurança, compreensão e sensibilidade às necessidades de crianças com traumas não resolvidos. Treinar a equipe para reconhecer sinais de trauma e fornecer recursos de apoio também pode ser benéfico.

Como a Terapia Holística Get-Up-And-Go da Dra. Barbosa Pode Ajudar Crianças a se Recuperarem de Traumas Não Resolvidos
A Terapia Holística Get-Up-And-Go é um método integrativo e compassivo que ajuda crianças a se curarem de traumas ao abordar suas necessidades emocionais, mentais, espirituais e comportamentais. Ela cria um espaço seguro onde as crianças podem expressar emoções como medo, tristeza e raiva por meio de formas criativas. Essa abordagem integral restaura a identidade, o equilíbrio emocional e a resiliência, ajudando as crianças a se libertarem de ciclos de repressão e a se reconectarem com a alegria e a força interior.

Ligação entre Temperamento e Estilos de Apego

Estilos de apego e traços de personalidade

A ligação entre temperamento, estilos de apego e traços de personalidade desempenha um papel significativo na formação dos resultados da saúde emocional e na dinâmica da personalidade dos indivíduos, especialmente em adolescentes e adultos. Essa conexão também pode identificar os temperamentos e os transtornos de personalidade de cada pessoa.

O temperamento refere-se a qualidades e características inatas que são únicas para cada indivíduo. Ele influencia como uma pessoa se comporta, reage a situações e expressa emoções. O temperamento é um aspecto fundamental da natureza de um indivíduo, fornecendo a eles habilidades e necessidades distintas.

Por outro lado, os estilos de apego são padrões intangíveis que se desenvolvem com base em relacionamentos precoces, especialmente com os cuidadores principais durante a infância. Esses estilos de apego podem ter um impacto profundo na forma como os indivíduos estabelecem e mantêm relacionamentos na vida adulta. Existem vários estilos de apego e os indivíduos podem apresentar um ou mais tipos, tornando adequado ver o apego adulto de maneira multidimensional.

Compreender o próprio temperamento pode ajudar a identificar e conectar com designações específicas de estilo de apego, proporcionando insights sobre como os indivíduos estabelecem vínculos emocionais e interagem com os outros. Estar ciente das necessidades, pontos fortes e fraquezas do próprio temperamento pode levar a uma maior felicidade e contentamento. Ao compreender a combinação do seu temperamento, os indivíduos podem obter clareza sobre seus comportamentos, preferências e dinâmicas de relacionamento, ajudando a explicar por que certas ações são tomadas e por que a compatibilidade varia com pessoas diferentes.

Utilizar o conhecimento do temperamento pode ser valioso na tomada de decisões de vida, como escolher vocações adequadas, formar afiliações e cultivar amizades significativas. Quando os indivíduos alinham suas decisões com os atributos de seu temperamento, é mais provável que experimentem um senso de realização e alegria em suas vidas.

O Estilo de Apego Colérico:

O extrovertido Colérico é um indivíduo direto que valoriza a praticidade e eficiência na vida. Eles estão interessados em assuntos como arquitetura, clássicos, engenharia, tecnologia da informação, história militar, modernismo, notícias políticas e racionalismo.

Auto-suficiência e trabalho árduo definem a abordagem do Colérico às tarefas, e são conhecidos por concluir as coisas. Eles preferem não procrastinar e podem até tentar realizar tarefas que poderiam ser deixadas para depois, levando a ocasional nervosismo quando confrontados com obstáculos. No entanto, o Colérico logo se lança para superar esses desafios.

Apesar de seus momentos fortes de irritabilidade e impaciência diante de problemas, o Colérico também pode exibir ternura e doçura uma vez que tenham triunfado sobre essas emoções. A frase "Vou fazer algo, certo ou errado" caracteriza sua atitude em relação à abordagem das tarefas. O Colérico está focado em resultados e concluirá uma tarefa, independentemente de o resultado ser perfeito ou não.

Esses indivíduos são altamente determinados e firmes em suas decisões. Depois de tomarem uma decisão, raramente mudam de posição, mesmo que estejam provados errados. O Colérico não é alguém que aceita prontamente conselhos dos outros. Eles possuem habilidades de planejamento rápidas e intuitivas, avaliando rapidamente o que precisa ser feito e seguindo com seu plano. Eles não se prendem a detalhes por muito tempo.

Naturalmente, o Colérico tem qualidades de liderança e pode lidar com responsabilidade de forma habilidosa. Eles podem parecer dogmáticos em suas crenças, mas são líderes de vontade forte e confiáveis. Sua natureza centrada em si mesma significa que as necessidades dos outros não têm grande importância para eles. Como perfeccionistas, eles podem até ver suas próprias falhas como impecáveis.

Um aspecto positivo da personalidade do Colérico é que eles não são facilmente influenciados pelas opiniões dos outros. No entanto, isso também os torna os menos sensíveis ou simpáticos dos cinco temperamentos. Procurar apoio emocional de um Colérico pode não ser a melhor opção, pois é mais provável que eles ofereçam soluções práticas em vez de apenas ouvir. Compreender a personalidade do Colérico pode tornar as interações com eles agradáveis e produtivas. Eles podem ser divertidos de se estar por perto e são indivíduos altamente capazes.

O Estilo de Apego Melancólico:

O introvertido Melancólico é um indivíduo pensativo, intelectualmente perspicaz e altamente criativo. Eles têm uma ampla gama de interesses, incluindo artes, clássicos, educação, jornalismo, invenções, saúde mental, música, teologia, religião e espiritualidade, ciências sociais, artigos de pesquisa e escrita. Buscando a perfeição em suas empreitadas, muitas vezes se destacam como artistas e artesãos sérios.

O aspecto espiritual da "inspiração" tem grande importância para o Melancólico, e é provável que explorem e desenvolvam seu lado espiritual. Embora a emoção mais comumente associada a eles seja a tristeza, eles também possuem grande força e resistência quando estão em um estado otimista.

Analítico e sistemático, o introvertido Melancólico está constantemente em autoreflexão e pode passar bastante tempo se analisando. Como extremos introvertidos, eles podem preferir a solidão e a introspecção em vez de encontros sociais e fazer novos conhecimentos. Eles mantêm um pequeno círculo de amigos próximos aos quais são lealmente devotados.

O ato de se sacrificar traz prazer ao Melancólico, e eles experimentam emoções intensamente, embora nem sempre as expressem externamente. Eles têm um vasto conhecimento e podem facilmente lembrar fatos e informações.

Melancólicos frequentemente exibem traços passivos, reservados e desanimados. Eles podem carecer de coragem e ser lentos em pensamento e fala. A modéstia é comum, e eles podem evitar o reconhecimento, mesmo que o mereçam. Melancólicos tendem a se refugiar em seus pensamentos, preferindo a leitura ou o estudo a interações sociais.

O perfeccionismo é uma característica comum, e eles estabelecem padrões e metas elevadas para si próprios e para os outros. Sua postura séria e natureza reservada contribuem para sua abordagem auto motivada, pois não são influenciados por promessas de recompensa ou ameaças de punição.

Estar ciente de suas forças e fraquezas é essencial para os Melancólicos, já que sua natureza introvertida e inclinação para a introspecção às vezes podem levar a sentimentos de melancolia e depressão. Abraçar sua criatividade, pensamento profundo e lealdade pode levar a uma vida plena e contente para o Melancólico.

O Estilo de Apego Fleumático:

O Fleumático extrovertido-introvertido é um conformista extrovertido quando reage positivamente, mas se torna mais introvertido quando enfrenta julgamento negativo. Eles têm uma ampla gama de interesses, incluindo agricultura, artesanato, política, imóveis, compras e serviços, esportes, cuidados domésticos, negócios, invenções, religião e espiritualidade, saúde, computadores, história e ciência. São conhecidos por serem indivíduos tranquilos e descontraídos, encontrando prazer na vida sem se empolgarem demais com as coisas.

Um aspecto notável do Fleumático é sua habilidade de se adaptar sem esforço, sem perder sua essência. Eles tendem a ser predominantes, engenhosos, confiáveis e determinados ao perseguir seus objetivos. Na juventude, frequentemente exibem sabedoria além de seus anos. Possuem um forte senso de fé e propósito, mesmo em situações desafiadoras, e podem ter um foco espiritual ou dedicação a viver uma vida pacífica.

Os Fleumáticos são naturalmente curiosos sobre os funcionamentos subjacentes do mundo e buscam o significado mais profundo da vida. Possuem imaginações ativas e são intelectuais e visionários.

Resolver problemas, lógica e análise são naturais para eles, tornando-os hábeis em resolver problemas matemáticos ou políticos complexos. São flexíveis ao lidar com desafios e podem unir recursos e forças quando necessário, posicionando-os bem para oportunidades futuras.

Com um ritmo equilibrado, o Fleumático é prudente, sensato e reflexivo em sua abordagem. Tendem a evitar dificuldades em vez de enfrentá-las diretamente, navegando na vida com um esforço e gasto de energia mínimos. Seu senso de humor é naturalmente sutil, e frequentemente mantêm seus companheiros rindo com sua sagacidade.

O Fleumático geralmente mantém a calma e permanece uma pessoa consistente e carinhosa, independentemente da situação. Preferem não se envolver profundamente nas coisas e preferem observar à distância. No entanto, quando motivados, tornam-se trabalhadores competentes e eficientes.

Gentis e amáveis com todos, o Fleumático é conhecido por seu amor e afeto pelos outros, e, por sua vez, são amados e apreciados por aqueles ao seu redor. Sua natureza descontraída e carinhosa os torna companheiros agradáveis, e tendem a manter relacionamentos estáveis e harmoniosos com os outros.

O Estilo de Apego Sanguíneo:

O Sanguíneo extrovertido é um indivíduo apaixonado que busca prazer e gratificação na vida. Eles são populares, comunicativos e frequentemente o centro das atenções em eventos sociais.

Seus interesses estão em concursos de beleza, celebridades, artesanato, gastronomia, hedonismo, música, rádio, fotografia, artes cênicas, esportes e comunicações. Quentes, carinhosos e alegres, o Sanguíneo é facilmente movido por emoções e responde entusiasticamente a vários estímulos. Sua mera presença traz vida e energia para qualquer ambiente que entrem, e sua alegria e senso de humor iluminam a vida daqueles ao seu redor.

O Sanguíneo é um otimista que vê a vida como uma jornada emocionante e cheia de diversão para ser abraçada ao máximo. Embora sejam sinceros e amorosos, uma de suas desvantagens é que às vezes podem falar antes de pensar, o que pode levar a mal-entendidos. No entanto, eles se destacam em atividades orientadas para a comunicação e estabelecem facilmente conexões com os outros. No entanto, podem ter dificuldade com tarefas que exigem disciplina e organização.

Vivendo o momento presente, o Sanguíneo tende a seguir o fluxo e pode ser facilmente distraído. Eles nem sempre são os indivíduos mais confiáveis, mas sua natureza adorável e calorosa muitas vezes os torna queridos aos outros, que estão dispostos a ignorar suas fraquezas. Eles podem usar a frase "É assim que eu sou" para explicar suas tendências.

Sendo naturalmente calorosos e envolventes, o Sanguíneo atrai facilmente os outros e forma conexões sociais. No entanto, seu estilo de vida acelerado e tendência a negligenciar detalhes podem causar estresse em suas vidas. Suas decisões nem sempre são bem pensadas, pois tendem a se concentrar apenas em aspectos superficiais e podem deixar de perceber dificuldades potenciais.

A inclinação do Sanguíneo para a parcialidade, influenciada por sentimentos de simpatia ou antipatia, pode impactar seu julgamento e tomada de decisões. Eles precisam permanecer conectados a amigos, família e comunidade para manter o equilíbrio e evitar se sentir sobrecarregados.

O Sanguíneo extrovertido é um indivíduo animado e entusiasmado que prospera em interações sociais e busca alegria e prazer na vida. Embora possam ter algumas falhas, sua natureza calorosa e afetuosa os torna populares e queridos entre seus amigos e conhecidos.

O Estilo de Apego Supino:

O Supino extrovertido de conformidade é habilidoso em seguir regras estabelecidas por outros e gosta de apoiar líderes em vez de assumir a liderança. Eles buscam reconhecimento pelos serviços que prestam. Quando o Supino exibe traços extrovertidos, possuem altas energias intelectuais e um belo temperamento. Naturalmente têm um coração de servo e têm inclinação para comportamento extrovertido ao reagir positivamente. No entanto, no lado negativo do temperamento, podem exibir características mais introvertidas.

O Supino tem uma variedade de interesses, incluindo animais e animais de estimação, jardinagem, culinária, artesanato, gastronomia, genealogia, notícias e mídia, história, viagens, artes de ilustração, arquitetura, clássicos, religião e espiritualidade.

Como indivíduos com outros temperamentos, o Supino pode ser suscetível a abusos, a menos que aprendam a viver nas forças de seu temperamento sob a orientação de sua fé, como o Cristianismo. Eles tendem a possuir um espírito gentil e podem achar desafiador dizer "NÃO" aos outros, o que se alinha mais ao estilo introvertido devido ao seu baixo comportamento expressivo e informativo.

O Supino frequentemente experimenta frustração, pois esperam que os outros saibam que desejam interação. Eles expressam sua necessidade de associação de maneira sutil e esperam que os outros a iniciem. Se os outros não iniciam a interação, o Supino pode ficar irritado. No entanto, apesar disso, eles são capazes de estabelecer e manter amizades. São amigos leais e fiéis se forem tratados com gentileza e respeito.

O Supino extrovertido de conformidade é um indivíduo gentil e solidário que encontra alegria em servir e apoiar os outros. Embora possam ter dificuldades com assertividade e possam esperar que outros iniciem interações sociais, são amigos confiáveis e leais quando tratados com cuidado e consideração. Compreender e abraçar as forças de seu temperamento pode levar a uma vida gratificante e significativa para o Supino.

O Estilo de Apego Equilibrado ou Mesclado:

O Estilo de Apego Equilibrado ou Mesclado refere-se a indivíduos que exibem uma combinação de traços e comportamentos de diferentes estilos de apego. Em vez de exibir um estilo de apego dominante, eles mostram uma mistura de características de estilos seguros, ansiosos, evitativos ou outros estilos de apego.

Esses indivíduos podem ter vivenciado uma variedade de experiências de apego ao longo de suas vidas, levando a uma abordagem mais complexa e matizada em relação aos relacionamentos. Suas respostas a situações relacionadas ao apego podem variar dependendo das circunstâncias específicas e das pessoas envolvidas.

Ser equilibrado ou mesclado em seu estilo de apego pode ter vantagens e desafios. Do lado positivo, eles podem possuir uma maior capacidade de compreender e se adaptar a diferentes situações sociais e indivíduos. Eles podem mostrar empatia e compreensão em relação aos outros, ao mesmo tempo que mantêm um senso de independência e autoconfiança.

No entanto, do lado negativo, a complexidade de seu estilo de apego pode às vezes levar a conflitos internos e emoções mistas. Eles podem experimentar momentos de segurança e insegurança, causando flutuações em seu comportamento e respostas emocionais.

Esses indivíduos também podem achar desafiador encontrar parceiros que compreendam totalmente seu estilo de apego multifacetado. A comunicação e a autoconsciência são essenciais para aqueles com um estilo de apego equilibrado ou mesclado para manter relacionamentos saudáveis e satisfatórios.

Em resumo, o Estilo de Apego Equilibrado ou Mesclado descreve indivíduos que exibem uma mistura de traços de diferentes estilos de apego. Embora isso possa proporcionar adaptabilidade e compreensão, também apresenta desafios na navegação de suas emoções e relacionamentos. Desenvolver a autoconsciência e a comunicação eficaz pode ajudá-los a promover conexões bem-sucedidas e satisfatórias com os outros.

Em conclusão, reconhecer a interação entre temperamento, estilos de apego e traços de personalidade capacita os indivíduos a adquirirem autoconsciência e fazerem escolhas de vida informadas. Conhecer e entender a combinação de temperamentos pode levar a uma vida mais gratificante e harmoniosa, onde os indivíduos podem cultivar relacionamentos positivos e satisfatórios com os outros.

Um Caminho para o Crescimento e a Realização

Abraçando os princípios do crescimento positivo e acolhendo a mudança como um catalisador para o progresso, nos lançamos em um caminho de auto-realização e desenvolvimento pessoal. "Um Caminho para o Crescimento" se refere a uma jornada ou rota que conduz um indivíduo ao desenvolvimento pessoal, à autoaperfeiçoamento e ao alcance de seu potencial máximo. É um processo de aprendizado contínuo, evolução e expansão de habilidades e perspectivas.

Nesse contexto, "crescimento" se refere ao progresso e às mudanças positivas que uma pessoa experimenta em várias áreas de sua vida, como emocional, intelectual, social e espiritual. Envolve o desenvolvimento de novas habilidades, superação de desafios e abraçar oportunidades de autodescoberta.

Um caminho para o crescimento não é uma trajetória linear ou fixa, mas sim um processo dinâmico e contínuo. Pode envolver estabelecer metas significativas, enfrentar contratempos, aprender com experiências e se adaptar continuamente a novas circunstâncias. Requer uma mentalidade de crescimento - uma atitude que acredita na capacidade de melhoria e abraça desafios como oportunidades de aprendizado e desenvolvimento.

Cumprir plenamente nosso destino é uma busca profunda e com propósito. Embora o destino possa ser um conceito complexo, os princípios a seguir podem nos guiar na jornada para abraçar nosso verdadeiro potencial e encontrar realização na vida:

- Autoconsciência: Para cumprir nosso destino, devemos obter um profundo entendimento de nós mesmos. Engaje-se na autoreflexão, explore suas paixões, talentos e valores, e identifique o que lhe traz alegria e propósito.
- Clareza de Propósito: Defina o propósito e a missão de sua vida. O que você deseja alcançar e contribuir para o mundo? Ter um propósito claro dá direção e significado às suas ações.
- Acreditar em Si Mesmo: Tenha fé em suas habilidades e acredite que você tem o potencial para cumprir seu destino. Cultive uma mentalidade positiva e afirme suas forças e capacidades.
- Estabelecer Metas Inspiradoras: Defina metas ambiciosas, mas alcançáveis, alinhadas ao seu propósito. Divida-as em passos acionáveis e trabalhe consistentemente para alcançá-las.
- Perseverança: Mantenha-se comprometido com sua jornada, apesar dos desafios e contratempos. A perseverança e a determinação são essenciais para superar obstáculos ao longo do caminho.
- Abraçar a Mudança: Esteja aberto à mudança e à adaptabilidade. Abraçar a mudança permite que você evolua e alinhe seu caminho com seu destino em constante evolução.
- Aprendizado Contínuo: Engaje-se em aprendizado contínuo e crescimento pessoal. Adquirir novos conhecimentos e habilidades aumenta sua capacidade de cumprir seu destino.

- Tomar Iniciativa: Seja proativo e assuma o controle de seu destino. Não espere que as oportunidades venham até você; crie-as e agarre-as quando surgirem.
- Integridade e Autenticidade: Viva com integridade e autenticidade. Mantenha-se fiel a seus valores e princípios, ao mesmo tempo em que alinha suas ações com seu propósito.
- Gratidão e Humildade: Cultive a gratidão pela jornada e pelas oportunidades que surgem em seu caminho. Mantenha-se humilde e reconheça as contribuições dos outros para sua realização.
- Deixar um Legado Positivo: Ao cumprir seu destino, considere o impacto que você deixa nos outros e no mundo. Esforce-se para criar um legado positivo e duradouro que inspire as gerações futuras.

Alcançar o Sucesso

Alcançar plenamente o sucesso em nossa carreira é um processo dinâmico e intencional que requer uma combinação de esforço, planejamento estratégico e crescimento pessoal. Aqui estão algumas estratégias-chave para ajudar a alcançar a realização e o sucesso na carreira:

- Defina Seus Objetivos: Clarifique seus objetivos de carreira e estabeleça metas específicas e alcançáveis. Identifique as habilidades e experiências necessárias para alcançar esses objetivos.
- Aprendizado Contínuo: Invista em seu desenvolvimento profissional buscando oportunidades de aprendizado e aprimoramento de habilidades. Faça cursos, participe de workshops e

mantenha-se atualizado sobre as tendências da indústria.
- Abraçar Desafios: Não evite desafios ou novas responsabilidades. Abraçar desafios permite que você cresça e demonstre suas capacidades.
- Procure Mentores e Modelos a Seguir: Conecte-se com profissionais experientes em sua área que possam oferecer orientação e apoio. Aprenda com suas experiências e busque conselhos para avançar em sua carreira.
- Construa uma Rede Forte: Cultive relacionamentos profissionais significativos. Networking pode abrir portas para novas oportunidades e ajudá-lo a se manter informado sobre possíveis avanços na carreira.
- Mostre Iniciativa e Liderança: Assuma a iniciativa em seu papel atual e seja proativo em buscar responsabilidades adicionais. Demonstre habilidades de liderança assumindo a liderança de projetos ou equipes.
- Mantenha-se Adaptável: Esteja adaptável a mudanças em sua indústria e no mercado de trabalho. Mantenha-se atualizado com os avanços tecnológicos e esteja disposto a adotar novas abordagens em seu trabalho.
- Entregue Trabalho de Qualidade: Entregue consistentemente trabalhos de alta qualidade e atenda ou supere as expectativas. Uma reputação de excelência contribuirá para o sucesso em sua carreira.
- Assuma Riscos: Não tenha medo de assumir riscos calculados em sua carreira. Às vezes, sair de sua zona

de conforto pode levar a oportunidades significativas e crescimento.
- Busque Feedback: Esteja aberto a feedback e use-o para melhorar seu desempenho. Críticas construtivas podem ser valiosas para aprimorar suas habilidades e avançar em sua carreira.
- Mantenha o Equilíbrio Entre Trabalho e Vida Pessoal: Priorize o equilíbrio entre trabalho e vida pessoal para evitar o esgotamento e manter o bem-estar geral. Um equilíbrio saudável permite que você atue no seu melhor e sustente o sucesso a longo prazo.
- Celebre Conquistas: Celebre os marcos e conquistas de sua carreira, por menores que sejam. Reconheça seu progresso e use-o como motivação para continuar se destacando.
- Mantenha uma Atitude Positiva e Persistente: Mantenha uma atitude positiva e uma mentalidade persistente, especialmente em momentos desafiadores. Uma perspectiva positiva pode ajudá-lo a superar obstáculos e manter o foco em seus objetivos de carreira.
- Explore Novas Oportunidades: Fique atento a novas oportunidades que estejam alinhadas com suas aspirações de carreira. Seja proativo em buscar possíveis avanços ou promoções.
- Encontre Significado em Seu Trabalho: Busque significado e propósito em sua carreira. Entender o impacto de seu trabalho e como ele contribui para um propósito maior pode aumentar a satisfação no trabalho e a realização pessoal.

Lembre-se de que o sucesso na carreira é uma jornada, e pode haver altos e baixos ao longo do caminho. Mantenha-se comprometido com seus objetivos, permaneça adaptável e continue investindo em seu crescimento profissional. Com dedicação e uma abordagem proativa, você pode alcançar plenamente o sucesso em sua carreira e criar uma vida profissional gratificante e recompensadora.

Abraçar o Nosso Caminho Divino

Para finalizar este capítulo, vamos falar sobre abraçar plenamente e encontrar realização em nosso caminho divino, envolvendo a conexão com nossa essência espiritual interna e viver em alinhamento com nosso propósito superior. Existem princípios e orientações que estão alinhados com a ideia de abraçar plenamente nosso caminho divino e encontrar realização por meio da conexão espiritual e do viver em alinhamento com o propósito superior. Embora a linguagem específica e os versículos possam variar com base em diferentes tradições religiosas, a mensagem subjacente permanece consistente.

Cristianismo: "Deleita-te também no Senhor, e ele te concederá o que deseja o teu coração." - Salmo 37:4 (Nova Versão Internacional). Este versículo sugere que encontrar realização vem de se deleitar em uma conexão com Deus e viver em alinhamento com a Sua vontade.

Aqui estão alguns passos para ajudar a nutrir e cumprir nosso caminho divino:

- Autorreflexão: Reserve um tempo para a autorreflexão e introspecção. Conecte-se com seu eu interior para entender seus valores, crenças e aspirações espirituais.
- Meditação e Mindfulness: Pratique a meditação e o mindfulness para cultivar uma conexão mais profunda

com sua divindade interior. Essas práticas ajudam a acalmar a mente e abrir o coração para insights espirituais.
- Conexão com a Espiritualidade: Explore diferentes práticas para encontrar o que ressoa com você. Pode ser por meio da religião, da natureza, da meditação, do yoga ou da oração que fala ao seu espírito.
- Abraçar o Amor e a Compaixão: Cultive o amor e a compaixão não apenas em relação aos outros, mas também em relação a si mesmo. Abraçar essas qualidades promove um senso de unidade com todos os seres.
- Viver em Alinhamento com Valores: Alinhe suas ações com seus valores e princípios espirituais. Esforce-se para viver uma vida de integridade e autenticidade, guiada pelo seu eu superior.
- Servir aos Outros: Encontre maneiras de servir e elevar os outros. Atos de gentileza e serviço são expressões de nossa natureza divina e contribuem para um caminho espiritual gratificante.
- Praticar a Gratidão: Cultive um senso de gratidão pelas bênçãos em sua vida. A gratidão abre o coração e conecta você à abundância do universo.
- Perdão e Deixar Ir: Pratique o perdão, tanto em relação aos outros quanto a si mesmo. Deixar ir ressentimentos passados e liberar negatividade liberta seu espírito.Trust the Universe: Develop trust in the divine plan and trust that everything happens for a higher purpose. Surrendering to the flow of life brings inner peace and fulfillment.
- Busque Orientação: Busque orientação espiritual de Pastores, Coach de Vida Cristã, Conselheiros Cristãos,

professores, mentores ou escrituras espirituais que ressoem com você. Aprender com almas sábias pode fornecer insights valiosos sobre o seu caminho divino.

- Viva com Presença: Abraçar o momento presente e permanecer atento à beleza e felicidade dentro de cada encontro.
- Conecte-se com a Natureza: Passe tempo na natureza para se conectar com a energia divina que nos rodeia. A natureza tem uma maneira de nos enraizar e nos lembrar de nossa interconexão com toda a vida.
- Expresse a Criatividade: Participe em atividades criativas que permitem que você expresse sua divindade interior. Seja através da arte, música, escrita ou outras formas de criatividade, isso nutre seu espírito.
- Pratique a Rendição: Abandone a necessidade de controle do seu ego e permita-se ser guiado pela sabedoria divina. A rendição traz uma sensação de paz e confiança no desdobramento do seu caminho.
- Abraçar o Amor Incondicional: Abraçar e incorporar o amor incondicional como a expressão máxima de sua divindade. Amar sem condições ou limitações abre a porta para uma realização profunda.

Lembre-se de que o caminho da divindade é único para cada indivíduo, e não há uma abordagem única que sirva para todos. Mantenha-se aberto à orientação do seu coração e intuição, e permita que sua divindade interior o conduza a uma jornada de vida gratificante e cheia de propósito.

Desvendando o potencial interior

A autodescoberta e o empoderamento, desbloqueando o potencial ilimitado que reside dentro de cada um de nós. Escondidos dentro de nós, há uma infinidade de talentos não descobertos, aspirações e habilidades apenas esperando para serem libertados.

Desvendar o potencial interno começa com a autoconsciência. É um processo de mergulhar no âmago do nosso ser, compreender nossas forças, fraquezas e aspirações. Através da introspecção e reflexão, ganhamos clareza sobre nossas paixões e propósito, pavimentando o caminho para uma vida gratificante e orientada por objetivos.

A autoconfiança em si mesmo serve como a chave para desbloquear os tesouros escondidos dentro de nós. Abraçar a crença de que somos capazes e merecedores de sucesso nos capacita a dar passos audaciosos em direção aos nossos objetivos. É por meio dessa crença inabalável em nós mesmos que encontramos a coragem para enfrentar desafios e ir além de nossas zonas de conforto.

Enquanto percorremos o processo de desbloquear nosso potencial, podemos encontrar momentos de autodúvida ou medo de fracasso. No entanto, é nesses momentos que devemos convocar nossa força interior e resiliência. Abraçar a jornada com o coração aberto, sabendo que contratempos são oportunidades de crescimento e aprendizado.

Autodisciplina e determinação são companheiros cruciais nesse caminho. É por meio de esforço consistente e disposição para perseverar que podemos liberar nosso potencial máximo. Com foco e dedicação, podemos transformar nossos sonhos em realidade e superar obstáculos que possam surgir em nosso caminho.

Cercar-nos de uma rede de apoio composta por família, amigos e mentores também pode desempenhar um papel fundamental no desbloqueio do nosso potencial. O encorajamento e orientação deles se tornam pedras de apoio em nossa jornada, nos elevando durante momentos desafiadores e celebrando nossas conquistas.

Na busca por desbloquear nosso potencial, é essencial permanecer aberto ao crescimento contínuo e à aprendizagem. Abraçar novas experiências, adquirir novas habilidades e aceitar a mudança como um meio de expandir seus horizontes. A jornada de autodescoberta é dinâmica e sempre evoluindo, e é por meio da aceitação da mudança que podemos abraçar plenamente as possibilidades que estão à nossa frente.

Lembre-se de que desvendar o potencial interno não é um destino, mas sim um processo ao longo da vida. Abrace a jornada com paciência e bondade consigo mesmo. Celebre o progresso que você faz, por menor que seja, e seja compassivo durante momentos de contratempos.

Conforme avançamos neste capítulo, vamos despertar os sonhos e talentos adormecidos dentro de nós, reconhecendo que temos o poder de moldar nosso destino. Ao desbloquear nosso potencial, podemos contribuir de forma positiva para o mundo, deixando um impacto duradouro naqueles ao nosso redor.

Confie em suas habilidades, abrace sua singularidade e ouse sonhar grande. Pois dentro de você reside o poder de criar uma vida cheia de propósito, paixão e possibilidades ilimitadas. Há uma afirmação comum sobre o poder dentro de cada indivíduo para criar uma vida repleta de propósito, paixão e possibilidades sem limites.

No Cristianismo, o versículo de Filipenses 4:13 na Versão King James Atualizada serve como um lembrete poderoso dessa crença: "Tudo posso naquele que me fortalece." Este versículo enfatiza que, através da força e orientação de Cristo, os crentes podem realizar coisas grandiosas e cumprir seu propósito na vida.

A ideia central por trás deste ensinamento é que a graça e o empoderamento de Deus permitem que indivíduos superem desafios e limitações. Ao colocar sua confiança em Cristo, os crentes acessam uma fonte infinita de força, sabedoria e coragem. Isso os capacita a buscar seus sonhos, abraçar suas paixões e superar obstáculos em seu caminho.

A compreensão é que, ao possuir uma conexão profunda com um poder superior, os indivíduos podem desbloquear seu potencial total e encontrar propósito em suas vidas. Ao alinhar suas ações com a orientação divina, os crentes podem embarcar em uma jornada de autodescoberta e realização. Essa crença os incentiva a sonhar grande, sabendo que sua fé em Cristo os equipa com as ferramentas necessárias para alcançar suas aspirações.

No Cristianismo, a mensagem é clara: cada pessoa possui dons e habilidades únicos, e com o apoio de Deus, podem levar uma vida que está alinhada com seu propósito e paixões. Ao abraçar essa verdade profunda, os crentes encontram esperança, inspiração e a coragem para abraçar as possibilidades infinitas que a vida oferece.

Assim, esse ensinamento lembra aos crentes que devem ter fé em si mesmos, pois por meio de sua conexão com Cristo, eles possuem a força para enfrentar os desafios da vida e viver com propósito e significado.

Confie em suas habilidades, abrace sua singularidade e ouse sonhar grande.

Acredite em si mesmo e no incrível potencial que existe dentro de você. Você é capaz de alcançar grandiosidade e fazer a diferença no mundo. Confie em suas habilidades, talentos e no conhecimento que adquiriu. Tenha fé em sua capacidade de superar desafios e abraçar oportunidades com confiança.

Abrace sua singularidade e individualidade. Você é único, com um conjunto de qualidades e experiências que ninguém mais possui. Celebre suas forças e aceite suas fraquezas, pois elas fazem de você a pessoa única e extraordinária que é. Abrace todos os aspectos de si mesmo, sabendo que você é valioso e merecedor de amor e sucesso.

Ouse sonhar grande e visualizar um futuro repleto de possibilidades ilimitadas. Seus sonhos são o combustível que te impulsiona para a frente, acendendo sua paixão e propósito. Não tenha medo de sonhar audaciosamente e estabelecer metas ambiciosas. Aspire a alcançar as estrelas, pois mesmo que você não alcance completamente, você ainda voará mais alto do que jamais imaginou ser possível.

Lembre-se de que a jornada para realizar seus sonhos nem sempre será tranquila, mas tenha a coragem de perseverar. Abrace os desafios como oportunidades para crescimento e aprendizado. Cada obstáculo que você supera fortalece seu caráter e te aproxima das suas aspirações.

Cerque-se de positividade e pessoas que te apoiam e inspiram. Busque mentores e modelos que alcançaram o que você almeja realizar. Aprenda com as experiências deles e deixe a orientação deles te impulsionar para a frente.

Celebre cada passo que você dá em direção aos seus sonhos, não importa o quão pequeno seja. Cada conquista, por mais insignificante que pareça, é um testemunho do seu progresso e dedicação. Celebre seus sucessos e use-os como motivação para continuar avançando.

Nos momentos de dúvida, lembre-se de que você é digno e merecedor de todas as coisas maravilhosas que a vida tem a oferecer. Seu potencial é ilimitado, e você é capaz de alcançar mais do que pode imaginar. Confie em si mesmo, abrace sua singularidade e ouse sonhar grande. O mundo está esperando pelas contribuições extraordinárias que apenas você pode fazer.

No Cristianismo, os crentes são incentivados a usar seus talentos e dons para o bem maior e para impactar positivamente o mundo ao seu redor. Ao usar suas habilidades únicas, talentos e virtudes, eles podem brilhar como uma luz, iluminando a vida dos outros com atos de bondade, compaixão e amor. Quando os crentes se envolvem em boas ações e ações altruístas, isso traz glória a Deus e reflete Suas atribuições divinas.

O conceito de deixar a luz brilhar implica que cada pessoa tem uma contribuição distinta e valiosa a fazer. Isso incentiva os cristãos a abraçar sua individualidade e usar os dons que Deus lhes deu para impactar positivamente os outros. Ao fazer isso, eles exemplificam os ensinamentos de Jesus Cristo, que foi um farol de amor e compaixão durante o tempo em que esteve na Terra.

O versículo de Mateus 5:16 serve como um chamado à ação, instando os cristãos a serem proativos na disseminação do bem e a fazerem a diferença no mundo. Ele inspira os crentes a irem além de suas próprias necessidades e a estenderem a mão para aqueles em dificuldades, tornando-se assim instrumentos da graça e do amor de Deus no mundo.

Em última análise, esse ensinamento enfatiza a importância de usar os próprios talentos e virtudes para contribuir positivamente para o mundo. Ele afirma que cada pessoa tem um papel único a desempenhar em tornar o mundo um lugar melhor e incentiva os crentes a serem agentes de mudança positiva, levando luz e bondade para a vida dos outros também.

PARTE 4 – FORÇA EMOCIONAL E RESILIÊNCIA

Abraçando o Positivismo e Aceitando a Mudança

Neste capítulo transformador, aprofundamos os conceitos poderosos de abraçar o positivismo e aceitar a mudança. Ambos esses princípios andam de mãos dadas, capacitando-nos a levar vidas gratificantes e a navegar pelas correntes sempre mutáveis da existência com graça e resiliência.

Abraçando o Positivismo

O positivismo é a chave que ilumina nosso caminho através dos desafios da vida. É uma mentalidade que nos permite focar na beleza, esperança e alegria que nos cercam. Ao escolher enxergar o bem em cada situação, mudamos nossa perspectiva, nos capacitando a enfrentar dificuldades com força e confiança.

A jornada de abraçar o positivismo começa com a gratidão. A gratidão abre nossos corações para a abundância de bênçãos em nossas vidas, não importa o quão grandes ou pequenas sejam. Ela nos lembra de apreciar as pequenas alegrias e valorizar os relacionamentos que enriquecem nossos dias.

O pensamento positivo é uma força poderosa que molda nossa realidade. Ao cultivarmos um diálogo interno positivo, nos capacitamos a superar obstáculos e encontrar soluções criativas para os dilemas da vida. É através do pensamento positivo que reconhecemos nosso potencial e construímos autoconfiança, nos permitindo enfrentar novos desafios com um senso de propósito e determinação.

Abraçar uma mentalidade positiva e superar obstáculos são processos interconectados que nos capacitam a navegar pelos desafios da vida com resiliência e otimismo. Para cultivar o positivismo e vencer obstáculos, as abordagens a seguir são essenciais:

- Autoconsciência: Comece por tomar consciência dos seus pensamentos e emoções. Perceba quando a negatividade aparece e como ela afeta a sua perspetiva. Reconheça padrões de autodúvida ou medo que surgem ao enfrentar obstáculos.
- Diálogo Interno Positivo: Desafie pensamentos negativos e substitua-os por afirmações positivas. Encoraje-se com frases como "Eu posso fazer isso", "Sou resiliente" e "Já superei desafios antes".
- Prática de Gratidão: Desenvolva o hábito diário da gratidão. Reserve um tempo para refletir sobre as bênçãos em sua vida, não importa o quão pequenas sejam. Focar no que você é grato ajuda a mudar sua perspetiva para o positivo.
- Busca de Soluções: Em vez de se concentrar nos problemas, direcione o seu foco para encontrar soluções. Divida os desafios em etapas gerenciáveis e explore diferentes abordagens para enfrentá-los.
- Aceitação do Fracasso como Aprendizado: Veja contratempos como oportunidades de aprender e crescer. O fracasso é uma parte natural da vida e fornece lições valiosas para empreendimentos futuros.

- Cercar-se de Positividade: Escolha passar tempo com pessoas que o apoiam e encorajam, elevando-o. Participe em atividades e consuma conteúdo que o inspire e motive.
- Praticar a Autocompaixão: Trate-se com gentileza e compreensão durante tempos difíceis. Evite a autocrítica e pratique a autocompaixão como faria com um amigo enfrentando desafios.
- Celebrar o Progresso: Reconheça e celebre cada passo à frente, não importa quão pequeno seja. Reconhecer as suas conquistas aumenta a confiança e estimula um progresso adicional.
- Flexibilidade e Adaptabilidade: Abraçar a mudança como uma parte natural da vida. Seja flexível e aberto a ajustar os seus planos quando necessário. Aceitar a mudança pode levar a novas oportunidades de crescimento.
- Visualização: Imagine-se superando obstáculos com sucesso e alcançando os seus objetivos. A visualização pode ajudar a aumentar a confiança e fornecer um mapa mental para o sucesso.
- Buscar Apoio: Não hesite em procurar apoio da família, amigos ou profissionais durante momentos desafiadores. Ter um sistema de apoio pode fazer uma diferença significativa na sua jornada.
- Praticar a Atenção Plena: Mantenha-se presente e foque no aqui e agora. A atenção plena ajuda a reduzir a ansiedade em relação ao futuro e os arrependimentos em relação ao passado, permitindo que você encare os obstáculos com clareza.

Ao incorporar essas abordagens em sua vida, você gradualmente cultivará uma mentalidade positiva e desenvolverá a resiliência necessária para superar obstáculos. Cercar-se de influências positivas é igualmente vital. Escolher passar tempo com pessoas inspiradoras e de apoio, e consumir conteúdo que nos inspire e motive, nutre nossa positividade e impulsiona nosso crescimento.

Reconhecer os Sinais do bem estar

No geral, identificar sinais de contratempos é crucial para manter o progresso, a resiliência e o bem-estar. Isso capacita você a assumir o controle da situação, aprender com as experiências e navegar pelos obstáculos da vida com maior confiança e eficácia. Aqui estão alguns indicadores comuns para estar ciente:

- Ação Oportuna: Reconhecer os sinais de contratempos permite que você enfrente os desafios prontamente. Tomar medidas a tempo pode evitar que a situação piore e oferecer uma melhor chance de resolver o problema de forma eficaz.
- Minimizar o Impacto: Ao identificar contratempos desde cedo, você pode trabalhar para minimizar o impacto deles em seus objetivos e planos. Medidas proativas podem ajudar a mitigar as consequências e limitar possíveis interrupções.
- Manter o Progresso: Abordar contratempos prontamente pode ajudar você a manter o rumo do seu progresso. Ao compreender os sinais, você pode fazer ajustes necessários para continuar avançando em direção aos seus objetivos.
- Evitar Escalada: Contratempos não abordados podem às vezes levar a problemas ou complicações mais

significativos. Identificar sinais precocemente permite que você intervenha e evite que a situação se agrave.
- Preservar a Motivação: Contratempos podem diminuir a motivação e o entusiasmo. Reconhecer os sinais dos contratempos ajuda você a manter uma mentalidade positiva e preservar a motivação para superar desafios.
- Aprender e Crescer: Identificar contratempos oferece uma oportunidade de aprendizado e crescimento. Ao entender as causas e consequências, você pode obter insights valiosos e melhorar suas estratégias para o futuro.
- Reduzir o Estresse: Incertezas e contratempos não identificados podem levar a um aumento do estresse e da ansiedade. Estar ciente dos sinais permite que você enfrente os problemas de frente, reduzindo o estresse e promovendo o bem-estar emocional.
- Construir Resiliência: Abordar contratempos contribui para a construção da resiliência. Ao aprender a se adaptar e superar obstáculos, você se torna mais bem preparado para lidar com desafios futuros.
- Manter a Perspectiva: Identificar contratempos permite que você tenha uma perspectiva mais clara da situação. Isso impede que você fique preso em padrões de pensamento negativos e ajuda a enxergar o quadro geral.
- Permanecer Proativo: A consciência dos contratempos incentiva comportamentos proativos. Em vez de reagir aos desafios quando surgem, você pode antecipar possíveis contratempos e tomar medidas preventivas.
- Melhorar a Tomada de Decisão: Reconhecer os sinais de contratempos aprimora o seu processo de tomada de decisão. Isso permite que você faça escolhas

informadas com base na situação atual e em possíveis desafios.

- Sentir-se Sobrecarregado: Se você se sentir sobrecarregado com tarefas ou situações que antes eram gerenciáveis, pode ser um sinal de contratempos. A sobrecarga muitas vezes leva a um sentimento de frustração e dificuldade em progredir.
- Falta de Motivação: Uma falta repentina ou prolongada de motivação para perseguir objetivos ou participar de atividades que antes eram prazerosas pode indicar um contratempo ou momento de autodúvida.
- Diálogo Interno Negativo: Preste atenção ao seu diálogo interno. Se você se pegar envolvido em um diálogo interno negativo, como pensamentos de inadequação ou falta de valor, pode ser um sinal de autodúvida.
- Procrastinação: A procrastinação frequente ou a evitação de tarefas essenciais para o seu crescimento ou progresso podem estar relacionadas à autodúvida subjacente ou ao medo do fracasso.
- Comparação com os Outros: Comparar-se constantemente com os outros e se sentir inferior ou invejoso pode ser um sinal de baixa autoestima e autodúvida.
- Sintomas Físicos: Contratempos e momentos de autodúvida também podem se manifestar fisicamente. Preste atenção a sinais como aumento do estresse, tensão, dores de cabeça ou alterações nos padrões de apetite ou sono.

- Isolamento: Se afastar de interações sociais e se isolar de amigos e família pode ser um indicador de luta contra contratempos ou autodúvida.
- Evitação: Evitar situações que o desafiam ou envolvem riscos pode sugerir um medo de fracasso ou dúvidas sobre suas habilidades.
- Perda de Confiança: Uma perda repentina de confiança em si mesmo e em suas habilidades pode ser um sinal de encontro com contratempos ou momentos de autodúvida.
- Sensação de Estagnação: Se você se sentir preso em uma rotina e incapaz de progredir em direção aos seus objetivos, pode valer a pena examinar se contratempos ou autodúvida estão impedindo você.
- Limitações Autoimpostas: Estabelecer metas excessivamente conservadoras ou minimizar seu potencial pode indicar falta de crença em si mesmo e confiança.

Estar ciente desses sinais pode ajudar você a identificar contratempos e autodúvida precocemente, permitindo que você tome medidas proativas para lidar com eles. Quando você reconhece esses sinais, é essencial praticar a autocompaixão e buscar apoio de entes queridos ou profissionais, se necessário. Lembre-se de que contratempos e autodúvida são aspectos naturais da vida e, com a abordagem e mentalidade certas, você pode superá-los e continuar em sua jornada de crescimento e autoconhecimento.

Abraçando a Mudança:

A mudança é uma parte inevitável da vida, e abraçá-la é fundamental para o crescimento pessoal e a adaptação. Quando nos abrimos para a mudança, reconhecemos que ela é uma oportunidade para novos começos e possibilidades.

A mudança nos convida a sair da zona de conforto e explorar territórios desconhecidos. Ao abraçar a mudança, descobrimos potenciais não explorados dentro de nós mesmos, impulsionando-nos em direção aos nossos sonhos e aspirações.

Resistir à mudança pode levar à estagnação e a oportunidades perdidas de crescimento. No entanto, ao receber a mudança de coração aberto, embarcamos em uma jornada de autodescoberta e transformação, alinhando-nos com o fluxo natural da vida.

Abraçar a mudança também requer resiliência e flexibilidade. Isso nos capacita a navegar pelas transições da vida com graça, abraçando as lições e oportunidades que surgem em nosso caminho.

Ao combinar os princípios de abraçar o positivismo e abraçar a mudança, descobrimos harmonia em nossas vidas. O positivismo nos dá a força para enfrentar a mudança com coragem e esperança, enquanto abraçar a mudança enriquece nossa positividade ao abrir portas para novas experiências e insights. Vamos receber esses princípios transformadores em nossos corações, pois eles detêm a chave para desbloquear o potencial extraordinário dentro de nós e moldar a trajetória de nossa notável jornada pela vida.

A natureza Complexa da Autopercepção

O conceito de auto-percepção é um aspecto fundamental da psicologia humana que desempenha um papel crucial na formação de nossos pensamentos, comportamentos e interações com o mundo ao nosso redor. Como os indivíduos se percebem forma a base de seu auto-conceito, autoestima e sentido geral de identidade. Vamos navegar na natureza multifacetada da auto-percepção, explorando suas dimensões cognitivas, emocionais e sociais, bem como os fatores que influenciam o seu desenvolvimento.

A percepção é o processo através do qual alcançamos a consciência e compreensão do nosso entorno ao organizar e interpretar informações sensoriais. Envolve o sistema nervoso recebendo sinais que têm origem na estimulação física dos nossos órgãos sensoriais. Esses sinais são a base de todas as formas de percepção e são responsáveis por sensações como visão, olfato, audição, tato e paladar. Por exemplo, os olhos recebem luz que atinge as retinas, o sentido do olfato é acionado por moléculas odoríferas e a audição envolve a detecção de ondas de pressão.

No entanto, a percepção não é uma recepção passiva desses sinais. É um processo dinâmico influenciado por fatores como aprendizado, memória e expectativa. Esses fatores moldam nossa percepção por meio de efeitos tanto "de cima para baixo", como experiências anteriores e expectativas, quanto do processamento "de baixo para cima" da entrada sensorial. A complexidade do sistema nervoso subjaz à percepção, mas para nós, o processo muitas vezes parece sem esforço, pois grande parte dele ocorre fora de nossa consciência consciente.

Os cinco sentidos - visão, audição, olfato, tato e paladar - desempenham um papel crucial na percepção. Eles nos fornecem informações que formam a base de nossos pensamentos, ideias e sonhos ao longo de nossas vidas. Novas experiências ou informações podem impactar profundamente nossa percepção, desencadeando mudanças em nossos pensamentos, emoções e até mesmo em nossas respostas corporais, como aumento da frequência cardíaca devido à empolgação com nova música em uma sala de teatro. Esses sentimentos novos se tornam parte de nossa memória, alterando nossa compreensão do mundo, incluindo aspectos como a música.

À medida que continuamente coletamos informações do nosso entorno, recebemos um fluxo interminável de detalhes sobre o nosso ambiente, incluindo atributos espaciais, sons, odores e aparências. Essas informações são vitais para a nossa existência e orientam a nossa compreensão do mundo. Ao encontrar informações novas, nosso cérebro as compara com o nosso conhecimento existente para estabelecer conexões e associações. Essa comparação nos permite dar sentido à nova entrada, ligando-a aos nossos quadros mentais já existentes.

Por exemplo:
- Uma sensação de alegria ou desagrado em resposta a situações ou coisas.
- Formar uma suposição de ser aceito.
- Nossa capacidade de moldar nossas experiências de vida é influenciada por como escolhemos perceber as

coisas. Para tornar isso eficaz, é importante perceber com convicção inabalável e agir como se a experiência desejada já fizesse parte da nossa realidade. Isso se aplica a vários aspectos, como crescimento pessoal, felicidade, espiritualidade e construção de riqueza.
- Desenvolver novos padrões comportamentais que se adaptam com base em informações mutáveis.
- As emoções desempenham um papel fundamental na influência sobre o comportamento humano.
- Como vemos as coisas dita o nosso ponto focal, que consequentemente molda nossos pensamentos, sentimentos e ações. Esses fatores determinam coletivamente o que trazemos para a existência. Percepções negativas levam a um foco negativo, irradiando energia negativa que pode ser refletida de volta para nós. Alternativamente, manter uma perspectiva positiva pode resultar em uma experiência de vida positiva. Portanto, para transformar sua vida, alterar sua percepção é fundamental.
- O cérebro reproduz padrões anteriores e os aplica em novos contextos.
- A própria percepção constitui o conteúdo dessa experiência.
- Manifestar algo é integrá-lo à nossa realidade imediata. Esse conceito está alinhado com a lei da atração, onde energias semelhantes se atraem. É importante notar que a lei da atração não faz diferenciação entre resultados positivos e negativos. Os passos cruciais envolvem definir seus desejos, acreditar em sua capacidade de alcançá-los e tomar ações inspiradas.

A percepção ordinária é caracterizada como passiva. Durante esse estado, nenhuma ação deliberada ocorre; em vez disso, há um pano de fundo de impressões. No entanto, quando a atenção se volta para um aspecto específico, o ato de deslocar a atenção se torna ativo. As sequências subsequentes podem ser representadas pelo símbolo de seta, indicando progressão.

Observação Passiva

Por exemplo, a observação passiva leva a um interesse na situação, que por sua vez leva ao ato de atenção.

A fase inicial da percepção pode ser decomposta nesta sequência:

Observação passiva ⟶ *Interesse* ⟶ *Ato de atenção direcionada*

Além disso, o ato de atenção direcionada leva ao conteúdo ou imagem em primeiro plano. Dois elementos associados ao ato mental, de acordo com Brentano, são o julgamento e o sentimento. Esses elementos surgem após o ato, não simultaneamente. O julgamento sobre a imagem, avaliando-a como boa ou ruim, verdadeira ou falsa, ocorre antes do sentimento.

Segunda Sumarização:

A análise detalhada da imagem em primeiro plano é seguida por um julgamento sobre essa imagem. O julgamento permite então que o indivíduo gere um sentimento apropriado em relação à imagem. Um sentimento agradável surge se a imagem for agradável ou verdadeira, enquanto um sentimento desagradável ocorre se a imagem for desagradável ou enganosa.

A sequência se torna:
Conteúdo em primeiro plano → *Julgamento* → *Sentimento*

Sumarização Final:

Os sentimentos entram no ciclo de projeção e introjeção, onde expectativas, aspirações ou desejos entram em jogo. Isso leva de **Desejo** → **Sentimento** → **Crença** → **Vontade**, e se repete. O ato de percepção nos guia nesse ciclo. Portanto, a sequência completa de percepção abrange todos esses elementos.

A perspectiva psicológica da percepção envolve o julgamento, que por sua vez desencadeia estados psicológicos de desejo e emoção. Se o julgamento for omitido, a sequência de percepção conclui-se com o conteúdo principal. Essa experiência é conhecida como mindfulness ou percepção "não julgadora".

Antes de prosseguirmos, duas definições são introduzidas utilizando "mente inconsciente" e "mente subconsciente". "Mente subconsciente" refere-se ao que é específico para o indivíduo, enquanto "mente inconsciente" diz respeito ao que é universal para a humanidade. A sequência da observação passiva ao conteúdo principal insere-se no aspecto inconsciente. A continuação do julgamento para o ciclo de projeção e introjeção reside no subconsciente, lidando com intenções e expectativas pessoais ocultas. A parte crucial é a segunda sequência envolvendo o conteúdo central, julgamento e sentimento.

Nesse processo, após observar o conteúdo principal, formulamos um julgamento. Posteriormente, uma emoção adequada é convocada para se alinhar a esse julgamento. Essa influência emocional serve como um meio para repetir nossas expectativas, aspirações ou desejos. Esse ciclo ativa o ciclo de projeção e introjeção. Esse mecanismo dramatiza nossas ações cotidianas, evitando a monotonia. Ele representa como normalmente respondemos às situações diárias. Criamos respostas subconscientes que se tornam hábitos automáticos para cada situação. Quando essas respostas pré-programadas se tornam cansativas, aprendemos com a situação e podemos optar por respostas mais criativas.

O ciclo de projeção e introjeção pode indicar imaturidade ou um desejo por drama na vida. Em suposição, se algo ou alguém desperta desejo ou emoção dentro de nós, isso pode distorcer nossa percepção precisa daquele algo ou alguém como realmente é.

A Dimensão Cognitiva da Auto-Percepção: No cerne da auto-percepção encontra-se o aspecto cognitivo, que abrange as crenças e pensamentos individuais sobre si mesmos. Esse autoconceito interno é uma representação mental que inclui percepções dos atributos físicos, traços de personalidade, habilidades e papéis de cada indivíduo. Isso molda como as pessoas se veem em comparação aos outros e serve como base para autoavaliação.

A formação do autoconceito começa na infância e evolui ao longo da vida, influenciada por experiências, relacionamentos e normas sociais. Um autoconceito positivo leva a uma autoestima saudável, enquanto uma auto-percepção negativa pode resultar em baixa autoestima e uma série de desafios psicológicos.

A Dimensão Emocional da Auto-Percepção: As emoções estão intimamente ligadas à auto-percepção, pois contribuem para como os indivíduos se sentem em relação a si mesmos. As pessoas frequentemente experimentam uma ampla gama de emoções com base em seus sucessos, fracassos e interações interpessoais percebidas. Uma auto-percepção positiva pode levar a emoções como orgulho e felicidade, enquanto uma auto-percepção negativa pode resultar em sentimentos de vergonha, culpa ou insegurança.

A relação entre auto-percepção e emoções é bidirecional: as emoções podem influenciar a auto-percepção, e a auto-percepção pode moldar as experiências emocionais. Por exemplo, alguém com uma imagem positiva de si mesmo pode ser mais resiliente diante de desafios, enquanto uma auto-percepção negativa pode exacerbar os sentimentos de angústia.

A Dimensão Social da Auto-Percepção: Os seres humanos são inerentemente seres sociais, e sua auto-percepção é influenciada pelas interações com os outros. A teoria da comparação social sugere que os indivíduos se avaliam comparando seus atributos e habilidades com os dos outros. Esse processo pode levar a uma comparação social ascendente (comparar-se com aqueles percebidos como superiores) ou uma comparação social descendente (comparar-se com aqueles percebidos como inferiores).

Interações sociais, feedback de colegas, família e sociedade em geral, bem como normas culturais, contribuem para o desenvolvimento da auto-percepção. Por exemplo, padrões de beleza da sociedade podem impactar como os indivíduos percebem sua própria aparência física. Além disso, os papéis e identidades atribuídos pela sociedade podem moldar como as pessoas se veem em diferentes contextos.

Fatores que Influenciam

Fatores que Influenciam a Auto-Percepção. Vários fatores contribuem para a formação e evolução da auto-percepção:

- Experiências da Primeira Infância: A dinâmica familiar, estilos de parentalidade e as primeiras interações sociais estabelecem as bases para o desenvolvimento do autoconceito.
- Ambiente Social: Interações com os pares, amizades e expectativas sociais desempenham um papel significativo na formação da auto-percepção.
- Mídia e Cultura: Representações na mídia e influências culturais podem impactar a imagem corporal e autoestima.
- Conquistas e Fracassos: Conquistas pessoais e contratempos influenciam a autoestima e o autovalor.
- Traços de Personalidade: Traços de personalidade inatos podem influenciar como os indivíduos interpretam e reagem ao feedback externo.

Mantenha em mente. A percepção do eu é uma construção multidimensional que engloba facetas cognitivas, emocionais e sociais. Ela atua como uma lente através da qual os indivíduos enxergam e navegam pelo mundo ao seu redor. Compreender a complexidade da auto-percepção pode lançar luz sobre os fatores que contribuem tanto para conceitos de si positivos quanto negativos, e como eles moldam o bem-estar psicológico e os relacionamentos interpessoais. À medida que continuamos a explorar as profundezas da psicologia humana, um entendimento abrangente da auto-percepção continua sendo essencial para o crescimento pessoal e para promover uma sociedade mais saudável.

Como os Outros Me Percebem: Revelando a Dinâmica das Impressões Sociais

A forma como os outros percebem um indivíduo é um aspecto crucial das interações sociais e dos relacionamentos. As pessoas continuamente formam julgamentos, opiniões e impressões umas sobre as outras com base em várias pistas e interações. Este artigo aprofunda nas complexidades de como os indivíduos são percebidos pelos outros, explorando os processos cognitivos, vieses e fatores que moldam essas percepções.

Processos Cognitivos na Percepção de Outros: Ao encontrar alguém, as pessoas naturalmente se envolvem em um processo cognitivo conhecido como formação de impressão. Isso envolve reunir rapidamente informações sobre a aparência, comportamento e comunicação verbal de uma pessoa para construir uma impressão inicial. Esses julgamentos rápidos servem como base para interações futuras e moldam percepções subsequentes.

No entanto, a formação de impressão não é um processo único para todos. Indivíduos frequentemente interpretam as mesmas pistas de maneira diferente com base em suas experiências pessoais, origens culturais e vieses cognitivos.

Além disso, à medida que as interações avançam, essas impressões iniciais podem ser ajustadas e refinadas, levando a uma compreensão mais detalhada do indivíduo.

Vieses e Influências na Percepção de Outros: Apesar do desejo por julgamentos justos e precisos, vieses podem afetar significativamente como os outros percebem um indivíduo. Um desses vieses é o efeito halo, onde um traço ou característica positiva influencia como outros traços dessa pessoa são percebidos. Por outro lado, o efeito reverso do halo, ou "efeito diabo", pode fazer com que traços negativos obscureçam outras qualidades positivas.

Estereótipos, que são noções preconcebidas sobre certos grupos de pessoas, também podem colorir percepções. Esses estereótipos frequentemente resultam de vieses culturais, sociais ou pessoais e podem levar a julgamentos incorretos. Superar tais vieses requer um esforço consciente e o reconhecimento de que cada pessoa é um indivíduo único, não definido apenas por sua identidade de grupo.

Percepções Individuais

Fatores que Moldam as Percepções Individuais. Inúmeros fatores contribuem para como os outros percebem um indivíduo:

- Comunicação Não-Verbal: A linguagem corporal, expressões faciais e gestos desempenham um papel crucial na formação de impressões.
- Comunicação Verbal: As palavras que uma pessoa usa, seu tom e estilo de comunicação fornecem insights sobre sua personalidade.

- Aparência: A aparência física influencia percepções iniciais e pode evocar estereótipos ou suposições.
- Contexto: O ambiente e a situação em que as interações ocorrem moldam percepções. Por exemplo, alguém pode ser percebido de maneira diferente em um ambiente formal versus casual.
- Diferenças Culturais: Normas e valores culturais influenciam como comportamentos e características são interpretados. O que é aceitável em uma cultura pode não ser em outra.
- Consistência: A consistência no comportamento e nas interações ao longo do tempo pode reforçar as impressões iniciais ou levar a mudanças na percepção.

As percepções que os outros têm de nós são uma interação dinâmica de processos cognitivos, vieses e fatores situacionais. Como indivíduos, muitas vezes nos esforçamos para causar impressões positivas por meio de nossa comunicação, comportamento e aparência. No entanto, é importante reconhecer que essas percepções podem estar sujeitas a vieses e nem sempre refletir com precisão quem realmente somos.

Mudando sua Percepção

É importante esclarecer que mudar sua percepção não significa necessariamente alterar suas crenças ou pontos de vista apenas para agradar aos outros. Sua percepção é sua própria perspectiva, moldada por suas experiências, valores e compreensão. Mudar sua percepção pode ser uma escolha pessoal com o objetivo de melhorar seu próprio bem-estar e compreensão, em vez de apenas agradar aos outros.

- No entanto, mudar sua percepção de como você vê os outros pode trazer benefícios significativos para o seu bem-estar emocional. Aqui está o motivo:
- Redução do Estresse e Ansiedade: Quando você muda de percepções negativas para outras mais positivas e empáticas, é provável que experimente menos estresse e ansiedade. Percepções negativas muitas vezes levam a pensamentos excessivos, ruminação e preocupações sobre como os outros o percebem. Ao adotar uma perspectiva mais compreensiva e aberta, você pode aliviar esses fardos emocionais.
- Melhoria nos Relacionamentos: Mudar sua percepção dos outros pode levar a relacionamentos mais saudáveis e harmoniosos. Quando você enxerga as pessoas por meio de uma lente mais compassiva e empática, é provável que comunique de maneira mais eficaz, resolva conflitos de forma mais construtiva e promova conexões mais profundas.
- Aumento da Autoestima: Uma mudança positiva em sua percepção dos outros pode impactar positivamente sua autoestima. Quando você se concentra em entender os outros em vez de constantemente se preocupar com a forma como eles o percebem, consegue construir um senso mais forte de autovalor que não depende apenas de validação externa.
- Redução de Emoções Negativas: Percepções negativas muitas vezes levam a emoções negativas, como ressentimento, ciúmes ou raiva. Ao escolher perceber os outros de maneira mais positiva, é menos provável que você experimente essas emoções

negativas que podem prejudicar seu bem-estar emocional.
- Aumento da Empatia e Compaixão: Mudar sua percepção envolve tentar entender as perspectivas e sentimentos dos outros. Isso naturalmente promove empatia e compaixão, contribuindo para uma atitude mais empática e solidária em relação aos outros, o que por sua vez pode criar um ambiente emocional mais positivo para você.
- Melhoria na Saúde Mental: Percepções negativas podem contribuir para sentimentos de isolamento e ansiedade social. Mudar para percepções mais positivas incentiva a interação social, promove um senso de pertencimento e contribui de maneira positiva para sua saúde mental.
- Melhor Regulação Emocional: Uma percepção modificada pode ajudá-lo a responder às situações com equilíbrio emocional e compostura. Em vez de reagir defensivamente ou negativamente, você será capaz de gerenciar suas emoções de maneira mais saudável.
- Promove o Crescimento Pessoal: Mudar sua percepção dos outros incentiva o crescimento pessoal. Isso desafia suas noções preconcebidas, amplia sua perspectiva e permite que você desenvolva novas estratégias de enfrentamento, habilidades de comunicação e resiliência emocional.
- Resiliência Aprimorada: Quando você percebe os outros com empatia e compreensão, torna-se mais resiliente a conflitos e mal-entendidos. Você está melhor preparado para lidar com desafios e

contratempos nos relacionamentos sem ser profundamente afetado emocionalmente.
- Ciclo de Feedback Positivo: Quando você aborda os outros com percepções positivas, é mais provável receber respostas positivas em troca. Isso cria um ciclo de feedback positivo, reforçando suas próprias emoções positivas e contribuindo para um estado emocional mais saudável.

Em essência, mudar sua percepção dos outros pode levar a um estado emocional mais equilibrado, positivo e satisfatório. Isso permite que você construa relacionamentos mais saudáveis, melhore sua autoestima, reduza o estresse e promova a empatia, todos os quais contribuem para o seu bem-estar emocional geral.

Em resumo, a percepção é um processo intricado que envolve a organização e interpretação de informações sensoriais para obter consciência e compreensão do mundo ao nosso redor. É uma combinação de receber sinais sensoriais e a interação dinâmica de nossos processos cognitivos, memória e expectativas. Através dos nossos sentidos, continuamente coletamos informações que moldam nossos pensamentos, emoções e memórias, influenciando, em última análise, nossa percepção geral da realidade.

Cultivando a Confiança

Superando o Medo e a Insegurança

A confiança não é uma força externa concedida a nós; é uma crença profundamente enraizada em nossas habilidades e autoestima. Vamos explorar a essência da confiança e como ela molda nossas percepções e ações.

Para cultivar uma confiança inabalável, devemos primeiro entender os fatores que contribuem para o seu desenvolvimento. Vamos focar no impacto das experiências passadas, do diálogo interno e da influência de fatores externos em nossos níveis de confiança. Além disso, vamos descobrir como a confiança não é uma característica estática, mas uma qualidade dinâmica que pode ser nutrida e fortalecida ao longo do tempo.

Crença em Nossas Habilidades: No cerne da confiança está uma profunda crença em nossas habilidades, talentos e potencial. Quando verdadeiramente acreditamos em nós mesmos e em nossas capacidades, abrimos portas para possibilidades infinitas. Abraçar uma imagem positiva de si mesmo e reconhecer nossas conquistas proporciona o combustível necessário para nos impulsionar com confiança.

O Poder da Conversa Interna: A maneira como nos falamos internamente pode impactar significativamente nossa confiança. A conversa interna negativa pode criar barreiras e limitar nosso potencial, enquanto afirmações positivas podem aumentar nossa autoconfiança. Nesta seção, aprenderemos a identificar e desafiar a conversa interna negativa, substituindo-a por um diálogo interno de apoio e incentivo.

Abraçando o Fracasso e Aprendendo: O fracasso é uma parte inevitável da vida, mas ele não nos define. Na verdade, o fracasso pode ser um professor poderoso, oferecendo lições valiosas para crescimento e melhoria. Ao abraçar o fracasso como um degrau de progresso em vez de um obstáculo, construímos resiliência e fortalecemos nossa confiança diante dos desafios.

Experiências Passadas e Crenças Limitantes: Nossas experiências passadas moldam nossas crenças e percepções atuais. Experiências negativas podem criar autodúvida e crenças limitantes que prejudicam nosso progresso. Através da introspecção e reflexão, podemos identificar essas crenças limitantes e trabalhar para superá-las, abrindo caminho para uma confiança inabalável.

A Influência de Fatores Externos: Influências externas, como expectativas sociais e opiniões de outras pessoas, podem impactar nossos níveis de confiança. Compreender como esses fatores externos afetam nossa mentalidade nos permite nos proteger contra sua influência negativa e manter o foco em nosso próprio crescimento e autoaperfeiçoamento.

Estabelecendo Metas Alcançáveis: A definição de metas desempenha um papel vital na construção da confiança. Quando estabelecemos metas realistas e alcançáveis, criamos um senso de propósito e direção. À medida que alcançamos essas metas, não importa o quão pequenas sejam, nossa confiança floresce, nos motivando a mirar mais alto e conquistar ainda mais.

Cultivando a Autocompaixão: Ser gentil consigo mesmo durante momentos difíceis é essencial para cultivar a confiança. A autocompaixão nos permite reconhecer nossas imperfeições sem julgamento e nos tratar com a mesma gentileza que ofereceríamos a um amigo. Através da autocompaixão, construímos uma base sólida de autoestima e resiliência.

Ao embarcarmos nessa jornada de compreensão da confiança, lembremos que a confiança não é uma característica fixa, mas uma habilidade que podemos desenvolver e nutrir. É uma jornada de autoconsciência, autoaceitação e crescimento pessoal. Com dedicação e prática, podemos cultivar uma confiança inabalável que nos capacita a superar obstáculos e desbloquear nosso verdadeiro potencial.

O Medo de Si Mesmo

O medo de si mesmo, também conhecido como automedo ou autotemor, pode originar-se de diversos fatores psicológicos e emocionais. Compreender o que causa o medo das pessoas em relação a si mesmas requer explorar algumas razões subjacentes comuns:

Autocrítica: Experimentar autocrítica frequente pode levar ao medo de si mesmo. Quando indivíduos constantemente se julgam severamente e se impõem padrões impossivelmente altos, eles podem desenvolver o medo de enfrentar suas percepções de inadequação.

Traumas Passados ou Culpa: Experiências traumáticas anteriores ou sentimentos de culpa podem criar um senso de medo dentro das pessoas. Elas podem temer confrontar suas emoções ou lembranças associadas a esses eventos, levando à evitação e autotemor.

Baixa Autoestima: Indivíduos com baixa autoestima podem temer a si mesmos porque abrigam crenças negativas sobre seu valor e capacidades. Eles podem duvidar de sua habilidade em lidar com desafios ou acreditar que não são merecedores de amor e aceitação.

Insegurança e Comparação: Comparar-se constantemente com os outros e sentir-se inadequado pode desencadear o autotemor. O medo pode surgir de uma crença de que não são bons o suficiente ou de que não estão à altura dos padrões sociais ou pessoais.

Medo de Rejeição: O medo de rejeição ou abandono pode levar as pessoas a temerem a si mesmas. Elas podem se preocupar que, se revelarem sua verdadeira essência, outros as rejeitarão ou as abandonarão.

Emoções Não Resolvidas: Emoções reprimidas ou não processadas podem criar conflito interno e medo. Indivíduos podem temer enfrentar suas emoções de frente, optando por evitá-las para evitar desconforto.

Conflitos Internos: Conflitos internos, como valores ou desejos contraditórios, podem levar ao autotemor. Indivíduos podem se sentir divididos entre diferentes aspectos de si mesmos e temer fazer escolhas ou abraçar sua verdadeira essência.

Condicionamento Negativo: Experiências negativas passadas ou condicionamento, como trauma na infância ou relacionamentos tóxicos, podem deixar marcas duradouras na psique, levando à autodúvida e ao medo.

Medo do Fracasso: O medo do fracasso e de cometer erros pode fazer as pessoas temerem a si mesmas. Elas podem evitar correr riscos ou perseguir suas paixões devido ao medo de não corresponder às suas expectativas.

Falta de Autoconsciência: A falta de autoconsciência pode contribuir para o autotemor. Sem entender seus pensamentos, sentimentos e motivações, os indivíduos podem se sentir desconectados de si mesmos, o que leva à ansiedade e incerteza.

O medo é uma emoção humana fundamental que esteve presente ao longo de nossa história evolutiva. É uma resposta natural a ameaças e perigos percebidos, desencadeando uma série de reações fisiológicas e psicológicas projetadas para nos proteger de danos.

No entanto, o medo também pode ser um obstáculo, impedindo-nos de alcançar nosso pleno potencial e desfrutar da vida ao máximo. É essencial reconhecer que o medo de si mesmo é uma experiência complexa e profundamente pessoal. Abordar esses medos muitas vezes requer autocompaixão, autorreflexão e, em alguns casos, apoio profissional por meio de terapia ou aconselhamento para explorar e curar as questões subjacentes.

De uma Perspectiva Clínica: Compreendendo os Medos

Os medos, de um ponto de vista clínico, são respostas emocionais profundas profundamente enraizadas na psique humana. Essas reações emocionais frequentemente são desencadeadas por ameaças ou perigos percebidos, reais ou imaginados, que podem variar desde objetos específicos, situações ou até mesmo conceitos abstratos.

Os processos neurológicos e psicológicos envolvidos na experiência do medo são intrincados e multifacetados. No cérebro, a amígdala desempenha um papel crucial no processamento de estímulos relacionados ao medo e na iniciação da resposta de luta ou fuga do corpo. Essa resposta envolve a liberação de hormônios do estresse, como adrenalina, preparando o corpo para confrontar a ameaça ou escapar dela.

As fobias são uma manifestação comum dos medos. Elas são medos intensos e irracionais de objetos ou situações específicas que podem levar a comportamentos de evitação. As fobias podem impactar significativamente a vida diária e o bem-estar de um indivíduo, muitas vezes exigindo intervenção clínica.

O medo também pode originar-se de experiências traumáticas passadas. Quando uma pessoa passa por um evento angustiante, o cérebro pode formar uma forte associação entre o trauma e o gatilho, levando a respostas de medo intensificadas ao se deparar com situações semelhantes ou lembretes.

Além disso, medos podem ser aprendidos por meio de condicionamento. Observar as reações de medo de outras pessoas ou receber mensagens negativas sobre certos objetos ou situações pode instilar medo nos indivíduos, mesmo que eles não tenham encontrado pessoalmente a ameaça percebida.

Em alguns casos, os medos podem ter uma função protetora, alertando-nos sobre perigos potenciais e incentivando a cautela. No entanto, o medo excessivo ou crônico pode levar a distúrbios de ansiedade, afetando adversamente a saúde mental e a qualidade de vida em geral.

As intervenções clínicas para lidar com medos geralmente incluem a terapia cognitivo-comportamental (TCC) e a terapia de exposição. A TCC visa modificar padrões de pensamento irracionais e crenças relacionadas aos medos, enquanto a terapia de exposição expõe gradualmente os indivíduos a seus medos em um ambiente seguro, ajudando-os a dessensibilizar e superar a fobia.

É essencial reconhecer que os medos são uma parte normal da experiência humana, mas quando se tornam avassaladores ou perturbadores, buscar ajuda profissional pode abrir caminho para entender, gerenciar e, em última análise, superá-los.

De uma Perspectiva Espiritual: Compreendendo os Medos

De um ponto de vista espiritual, os medos são emoções profundas que podem ter implicações espirituais significativas para os indivíduos. Essas emoções frequentemente surgem de sentimentos de vulnerabilidade, incerteza e do desconhecido, causando agitação interna e uma sensação de desconexão com um poder superior ou o divino.

Do ponto de vista espiritual, os medos podem ser vistos como obstáculos que impedem o crescimento pessoal e o desenvolvimento espiritual. Eles podem surgir de uma falta de fé ou confiança em um poder superior, no universo ou no plano divino. Quando alguém é consumido pelo medo, pode se tornar desafiador abraçar o significado mais profundo e o propósito por trás dos desafios e experiências da vida.

O medo também pode se manifestar como uma separação do momento presente, fazendo com que os indivíduos se fixem no passado ou se preocupem com o futuro. Essa desconexão do presente pode impedir que alguém se conecte plenamente com seu eu interior e a presença divina interna.

De uma perspectiva espiritual, superar os medos envolve cultivar um profundo senso de fé, entrega e aceitação. Isso implica reconhecer que o medo é uma parte natural da experiência humana, mas não precisa controlar ou definir a jornada espiritual de alguém. Abraçar a fé e a confiança em um poder superior pode trazer uma sensação de paz e segurança, sabendo que há uma força orientadora apoiando e guiando através das provações da vida.

A prática de mindfulness e meditação também pode ser uma ferramenta valiosa para abordar os medos de uma perspectiva espiritual. Essas práticas permitem que os indivíduos se ancoram no momento presente, promovendo uma conexão com seu eu interior e a presença divina. Através da consciência plena, é possível observar os medos sem julgamento, compreendendo suas raízes e liberando gradualmente sua influência na psique.

Muitas tradições espirituais enfatizam a importância do amor, compaixão e interconexão. Ao cultivar essas qualidades dentro de si mesmo, os indivíduos podem dissolver as barreiras criadas pelo medo e promover uma conexão mais profunda com o divino e com os outros.

Os ensinamentos espirituais frequentemente incentivam as pessoas a abraçar a incerteza e renunciar à necessidade de controle absoluto. Confiar no plano maior e reconhecer que há lições e oportunidades de crescimento em cada experiência pode transformar o medo em um catalisador para a evolução espiritual.

Em última análise, de uma perspectiva espiritual, entender os medos envolve reconhecê-los como convites para exploração interior e transformação. Ao enfrentar corajosamente os medos e abraçar a orientação de um poder superior, os indivíduos podem embarcar em uma profunda jornada espiritual em direção à plenitude e iluminação.

O medo é uma consequência natural do pecado

De fato, o pecado produz o medo, e esse medo pode dificultar nossa capacidade de experimentar a verdadeira alegria e felicidade. A Bíblia, especificamente em João 3:21, destaca o princípio de que ter uma consciência limpa, livre de condenação, leva à confiança em relação a Deus. Quando pecamos, nossa consciência nos lembra de nossa relação com Deus, e essa culpa pode levar ao medo e à vergonha.

No entanto, é importante distinguir entre a culpa saudável, que serve como uma bússola moral, e a culpa excessiva ou os complexos de culpa, que podem ser prejudiciais ao bem-estar de uma pessoa. Por vezes, os psiquiatras associaram ensinamentos religiosos à criação de complexos de culpa, mas é essencial reconhecer que nem todos os ensinamentos religiosos promovem uma culpa não saudável.

A história de Adão e Eva no Jardim do Éden oferece uma ilustração poderosa das consequências do pecado e do subsequente medo e vergonha que eles experimentaram. Quando pecaram ao comer do fruto da árvore do conhecimento do bem e do mal, a consciência de seu erro levou à culpa e ao medo, levando-os a se esconder de Deus.

Para encontrar um remédio para esse medo e recuperar a paz interior, a Bíblia nos encoraja a "andar no caminho do Senhor". Ao alinhar nossas vidas com a vontade de Deus, podemos experimentar perdão e restauração, o que leva à paz e à confiança em nossa relação com Deus.

Na versão bíblica, Deus providenciou roupas para Adão e Eva, simbolizando Sua cobertura para sua vergonha e culpa. Esse ato representa a disposição de Deus de perdoar e restaurar aqueles que se voltam para Ele e buscam Sua orientação.

O medo, como consequência do pecado, pode se manifestar de várias maneiras em nossas vidas. Isso pode levar à ansiedade, preocupação ou a uma sensação de isolamento de Deus e dos outros. No entanto, ao reconhecer nossos pecados, buscar o perdão de Deus e andar em obediência à Sua Palavra, podemos superar esse medo e experimentar a verdadeira alegria e paz que vêm de um relacionamento restaurado com Deus.

Em última análise, a mensagem é clara: quando andamos nos caminhos de Deus, encontramos cura, perdão e liberdade do medo. Abraçar o amor e a graça de Deus nos permite viver vidas alegres e realizadas, confiando em Sua orientação e provisão.

Aqui estão algumas perguntas frequentes sobre o medo:
O que é o Medo? - O medo é uma resposta emocional a ameaças ou perigos percebidos, ativando a resposta de luta ou fuga do corpo.

Por que Sentimos Medo? - O medo é um instinto de sobrevivência que ajuda a nos proteger de possíveis danos ou perigos.

O que Causa Fobias? - As fobias são medos intensos e irracionais de objetos ou situações específicas, frequentemente resultantes de experiências traumáticas ou comportamentos aprendidos.

Como Posso Superar Meus Medos? - Superar medos envolve identificar e compreender as causas raiz, estabelecer metas realistas e se expor gradualmente ao medo de maneira segura e controlada.

Os Medos São Normais? - Sim, os medos são uma parte natural do ser humano e podem funcionar como mecanismos de proteção. No entanto, medos excessivos ou irracionais podem requerer intervenção profissional.

O Medo Pode Afetar a Saúde Mental? - Sim, o medo crônico ou intenso pode levar a distúrbios de ansiedade e impactar o bem-estar mental geral.

O que é a Resposta de Luta ou Fuga? - A resposta de luta ou fuga é a reação automática do corpo a ameaças percebidas, preparando-o para enfrentar o perigo ou escapar dele.

O Medo Pode Ser Herdado? - Há evidências de que fatores genéticos podem desempenhar um papel na predisposição a certos medos e distúrbios de ansiedade.

Como o Medo Afeta o Comportamento? - O medo pode influenciar o comportamento causando a evitação de situações temidas ou desencadeando respostas defensivas.

O Medo Pode Ser Benéfico? - Sim, o medo pode ser benéfico, pois ajuda a nos manter seguros e alerta em situações perigosas.

Quais São os Sintomas Comuns do Medo? - Os sintomas do medo podem incluir aumento da frequência cardíaca, transpiração, tremores, respiração rápida e uma sensação de perigo iminente.

Como Posso Gerenciar o Medo na Vida Diária? - Praticar técnicas de relaxamento, mindfulness e diálogo interno positivo pode ajudar a gerenciar o medo em situações cotidianas.

O Que é Ansiedade Social? - A ansiedade social é um medo intenso de situações e interações sociais, levando à evitação e angústia.

O Medo Pode Ser Desaprendido? - Sim, com intervenções terapêuticas apropriadas, os medos podem ser desaprendidos ou reduzidos em intensidade.

Existem Diferentes Tipos de Medo? - Sim, os medos podem ser categorizados em fobias específicas, ansiedade social, ansiedade geral e outros.

Lembre-se, se os medos afetarem significativamente sua vida ou causarem angústia, buscar ajuda profissional de um especialista em saúde mental pode oferecer suporte e orientação valiosos.

Inseguranças Pessoais

As "inseguranças de nossas vidas" referem-se às incertezas e dúvidas que permeiam diversos aspectos de nossa existência. Essas inseguranças podem ser tanto internas quanto externas, impactando nossos pensamentos, emoções, comportamentos e interações com o mundo ao nosso redor. Elas surgem de um sentimento de vulnerabilidade e do medo de possíveis resultados negativos ou julgamentos.

As inseguranças internas frequentemente giram em torno de sentimentos de inadequação, autodúvida e falta de confiança em nossas habilidades ou autoestima. Essas inseguranças podem originar-se de experiências passadas, expectativas sociais ou comparações com outras pessoas. Indivíduos podem questionar suas capacidades, aparência, inteligência ou merecimento de amor e aceitação.

Por outro lado, as inseguranças externas são influenciadas por fatores fora de nós, como pressões sociais, normas culturais ou instabilidade econômica. Essas inseguranças podem se manifestar como preocupações sobre segurança no emprego, estabilidade financeira, aceitação social ou alcançar padrões de sucesso da sociedade.

As inseguranças de nossas vidas pessoais são medos e incertezas profundamente enraizados que dizem respeito às nossas experiências individuais, relacionamentos e autopercepções. Essas inseguranças podem impactar profundamente nosso bem-estar, comportamento e tomada de decisões. Embora as inseguranças pessoais possam variar amplamente de pessoa para pessoa, algumas comuns incluem:

- Inseguranças Sobre Autoestima: Dúvidas sobre o próprio valor podem levar a sentimentos de inadequação e não se sentir "suficientemente bom" em vários aspectos da vida.
- Medo de Rejeição: O medo de ser rejeitado ou não aceito por outras pessoas pode dificultar a expressão autêntica do eu e a vulnerabilidade em relacionamentos.
- Inseguranças da Imagem Corporal: Inseguranças sobre a aparência física podem levar a problemas de imagem corporal e percepções negativas de si mesmo.
- Ansiedade Social: Sentir-se ansioso ou desconfortável em situações sociais, temendo julgamento ou críticas de outras pessoas.
- Medo de Fracasso: O medo de fracassar ou não atender às expectativas pode impedir as pessoas de buscar seus objetivos e ambições.
- Comparação e Ciúmes: Comparar-se constantemente com os outros e sentir ciúmes de suas conquistas ou atributos.
- Vulnerabilidade Emocional: Sentir-se hesitante ou ansioso em expressar emoções e ser emocionalmente vulnerável com os outros.
- Síndrome do Impostor: Sentir-se como uma fraude ou acreditar que as conquistas não são merecidas, apesar de evidências de competência.
- Medo de Abandono: Ansiedade em relação ao abandono por entes queridos, levando a questões de dependência.

- Incerteza sobre o Futuro: Sentir-se inseguro ou ansioso em relação ao futuro e ao que ele reserva, especialmente em relação a decisões importantes da vida.
- Inseguranças Financeiras: Preocupações com a estabilidade financeira e a capacidade de cumprir responsabilidades financeiras.
- Problemas de Confiança: Dificuldade em confiar nos outros devido a traições passadas ou experiências traumáticas.
- Medo de Intimidade: Evitar conexões emocionais profundas ou intimidade em relacionamentos devido ao medo de se machucar.
- Inseguranças sobre a Parentalidade: Sentir-se incerto ou inadequado como pai ou mãe, temendo erros ou não atender às expectativas parentais.
- Inseguranças em Relacionamentos Românticos: Dúvidas sobre a força e a durabilidade das parcerias românticas, levando a medos de rejeição ou abandono.

Essas inseguranças pessoais podem estar profundamente enraizadas e podem exigir introspecção, autocompaixão e apoio de entes queridos ou profissionais para enfrentá-las e superá-las. Reconhecer e admitir essas inseguranças é o primeiro passo para promover o crescimento pessoal, construir resiliência e cultivar um sentido positivo de autoestima e realização.

Inseguranças podem afetar o crescimento espiritual.

As inseguranças podem ter um impacto profundo no crescimento espiritual e na jornada de um indivíduo. Esses sentimentos enraizados de inadequação e autodúvida podem dificultar o desenvolvimento de uma vida espiritual forte e florescente. Vamos explorar como as inseguranças podem afetar o crescimento espiritual e quais medidas podem ser tomadas para superar esses obstáculos.

1. Obstáculo para a Autoaceitação: As inseguranças frequentemente levam as pessoas a lutarem para se aceitarem como são. Essa falta de autoaceitação pode tornar desafiador abraçar e apreciar plenamente o amor e propósito de Deus para suas vidas. O crescimento espiritual prospera na compreensão de que fomos criados à imagem de Deus e somos amados incondicionalmente por Ele.
2. Barreiras para a Intimidade com Deus: As inseguranças podem criar barreiras na relação de alguém com Deus. Sentir-se indigno ou não "suficientemente bom" pode levar a hesitação em se aproximar de Deus em oração ou em se render completamente à Sua vontade. Superar as inseguranças permite que as pessoas experimentem uma conexão mais profunda e intimidade com seu Criador.
3. Impactos na Confiança em Deus: As inseguranças podem corroer a confiança nos planos e provisão de Deus. Quando se sentem inseguras, as pessoas podem depender mais de suas próprias habilidades e compreensão, em vez de confiar suas vidas a Deus. O crescimento espiritual envolve confiar na orientação de Deus e ter fé em Seu plano perfeito.
4. Medo de Rejeição e Julgamento: As inseguranças frequentemente resultam no medo de rejeição e julgamento, tanto por Deus quanto pelos outros. Esse medo pode impedir que as pessoas participem de

comunhão significativa com outros crentes e se envolvam plenamente em uma comunidade de fé. O crescimento espiritual floresce com o apoio e encorajamento de uma comunidade amorosa.
5. Imagem Distorcida de Si Mesmo: As inseguranças podem levar a uma imagem distorcida de si mesmo, onde as pessoas podem se concentrar excessivamente em suas falhas e fraquezas, em vez de reconhecerem os dons e potenciais que Deus lhes deu. Abraçar uma imagem saudável e precisa de si mesmo é essencial para abraçar o chamado e propósito de Deus na vida.
6. Relutância em Avançar com Fé: As inseguranças frequentemente geram uma relutância em avançar com fé e assumir riscos pelo reino de Deus. O medo do fracasso ou de não estar à altura pode impedir as pessoas de realizar os planos que Deus tem para elas. O crescimento espiritual envolve avançar com fé, confiando que Deus capacita e fortalece Seus filhos para as tarefas que Ele designa.

Superando as Inseguranças

Superando as Inseguranças para o Crescimento Espiritual: Superar as inseguranças é uma jornada que requer esforço intencional e confiança na graça de Deus, de Jesus e do Espírito Santo. Aqui estão alguns passos para promover o crescimento espiritual diante das inseguranças:

- Oração e Rendição: Engaje-se em orações sinceras, entregando as inseguranças a Jesus e buscando Sua cura e transformação.

- Abraçar o Amor de Deus: Medite sobre o amor e a aceitação de Deus por você como Seu filho. Permita que Seu amor preencha o vazio criado pelas inseguranças.
- Estudo das Escrituras: Aprofunde-se na Bíblia para descobrir as promessas e garantias de Deus para Seus filhos. Fortaleça sua fé e identidade em Cristo por meio da Palavra Divina.
- Buscar Apoio: Conecte-se com uma comunidade de fé solidária ou busque orientação de um mentor espiritual, conselheiro cristão ou Coach de Vida Cristã, que possam oferecer encorajamento e sabedoria.
- Celebrar o Progresso: Reconheça e celebre os avanços na superação das inseguranças. Celebre pequenas vitórias e lembre-se de que o crescimento espiritual é um processo.
- Avançar com Fé: Tome passos para avançar com fé, confiando na Divina Força para liderar e guiar você. Abrace oportunidades de crescimento e serviço, sabendo que Deus age por meio de vasos imperfeitos.

Ao abordar as inseguranças e nutrir um relacionamento em crescimento com Deus, as pessoas podem experimentar um crescimento espiritual transformador e caminhar rumo a um entendimento mais profundo de sua identidade e propósito em Cristo. Abraçar o amor e a aceitação de Deus, Jesus e o Espírito Santo permite que Seus filhos prosperem e vivam a sua fé com confiança e autenticidade.

Superando Desafios

Navegando pelos Sentimentos de Desesperança e Vergonha

Dois desafios particularmente formidáveis que as pessoas frequentemente enfrentam são os sentimentos de desesperança e vergonha. Escapar das garras da desesperança exige uma mudança deliberada de mentalidade. Em vez de sucumbir ao peso do desespero, as pessoas podem optar por explorar perspectivas alternativas e buscar ajuda de profissionais de saúde mental, amigos ou redes de apoio. Participar de atividades que tragam alegria e propósito também pode ajudar a desviar o foco da negatividade.

Situações que Podem Gerar Vergonha:

- **Fracasso Escolar ou Acadêmico**
    Reprovar em uma prova ou curso
    Abandonar os estudos por dificuldades pessoais ou financeiras

- **Desemprego ou Falência Profissional**
    Perder o emprego e sentir-se inútil ou fracassado
    Ter um negócio que faliu, afetando a autoestima

- **Traições ou Infidelidade (como vítima ou autor)**
    Sentir vergonha por ter sido traído e se considerar insuficiente
    Sentir culpa e vergonha por ter traído e causado dor

- **Histórico de Abuso (físico, sexual ou emocional)**

Internalizar a dor como culpa pessoal, mesmo sendo vítima

- **Gravidez Não Planejada ou Fora do Casamento**
  Enfrentar julgamentos sociais e familiares
  Sentir-se moralmente inadequado

- **Erro Público ou Humilhação em Grupo**
  Ser exposto ao ridículo em público, trabalho, escola ou redes sociais

- **Dependência Química ou Comportamental**
  Sentir vergonha por não conseguir se livrar de vícios como álcool, drogas, pornografia, etc.

- **Rejeição ou Abandono Paternal/Maternal**
  Carregar sentimentos de inadequação e desvalia por não se sentir amado

- **Orientação Sexual ou Identidade de Gênero em Ambiente de Rejeição**
  Viver em constante constrangimento por não ser aceito em sua família, igreja ou sociedade

- **Erro Grave com Consequências Legais ou Morais**
  Ter cometido um crime, adultério ou outro ato que contradiz valores pessoais ou comunitários

- **Pobreza ou Condição Financeira Humilhante**
  Sentir vergonha por não conseguir prover para si ou para a família

- **Aspecto Físico ou Condição de Saúde Estigmatizada**
  Ser alvo de bullying por obesidade, doenças visíveis, deficiência ou aparência

- **Separação ou Divórcio**

Ser julgado ou sentir-se fracassado por um casamento rompido

- **Religião ou Crença Espiritual Condenatória**
  Ter vivido experiências religiosas marcadas por culpa extrema ou condenação moral

- **Dependência Emocional ou Relacionamentos Tóxicos**
  Sentir-se envergonhado por ter tolerado abusos ou manipulações por muito tempo

Situações que Podem Gerar Vergonha em Crianças:

- **Ser ridicularizada ou zombada em público**
  Quando adultos ou colegas riem dela por algo que disse, fez ou vestiu.

- **Erros escolares expostos**
  Ser chamada atenção por errar a lição ou não saber responder em sala, especialmente diante da turma.

- **Comparações com irmãos ou colegas**
  Ouvir frases como "Seu irmão é mais esperto" ou "Veja como fulano é melhor que você".

- **Apelidos ou rótulos negativos**
  Ser chamada de "burra", "feia", "gorda", "lenta", entre outros apelidos cruéis.

- **Exposição de necessidades íntimas**
  Fazer xixi na cama, precisar de ajuda no banheiro, ou ter um acidente em público.

- **Punições humilhantes**
  Ser colocada de castigo em frente aos outros, levar broncas gritando ou ser ameaçada com palavras duras.

- **Pais que se envergonham ou criticam a criança em público**
  Comentários como "Essa menina me dá vergonha" ou "Ele é um problema".

- **Rejeição por colegas ou exclusão social**
  Não ser convidada para brincadeiras, festas ou atividades do grupo.

- **Falhas em atividades esportivas ou artísticas**
  Ser alvo de chacota por não conseguir jogar bem, cantar certo ou dançar conforme o esperado.

- **Vivência de conflitos familiars**
  Presenciar brigas constantes dos pais ou ser envolvida em discussões e acusações.

- **Mudanças no corpo ou desenvolvimento**
  Começar a desenvolver-se fisicamente mais cedo ou mais tarde que os outros e ser alvo de comentários.

- **Viver em situação de pobreza ou falta de recursos**
  Sentir-se inferior por não ter roupas, materiais escolares ou brinquedos como os colegas.

- **Ser repreendida por demonstrar emoções**
  Ouvir que "menino não chora" ou "isso é drama" quando expressa tristeza ou medo.

- **Pais que não validam os sentimentos da criança**
  Quando a criança tenta expressar o que sente e ouve respostas como: "Isso é bobagem" ou "Engole esse choro".

- **Ser responsabilizada por problemas de adultos**

Quando a criança é culpada por separações, dificuldades financeiras ou estresse dos pais.

Impacto Emocional

Essas situações, quando não são tratadas com empatia, apoio e reflexão, podem causar feridas emocionais profundas, afetando diretamente o valor próprio e o senso de identidade do indivíduo.

A vergonha não reconhecida e não tratada frequentemente se transforma em isolamento, ansiedade, depressão e até mesmo autossabotagem. A pessoa passa a viver presa em um ciclo de desânimo e desesperança, sentindo-se incapaz de mudar sua realidade.

Entretanto, abraçar a prática de liberar a vergonha representa um caminho transformador. Ao escolher enfrentar as emoções de frente, a pessoa se permite confrontar seus conflitos internos e iniciar uma verdadeira jornada de cura emocional.

Essa abordagem promove o autoperdão - um componente essencial no processo de crescimento pessoal - e possibilita a reconstrução da autoestima e do senso de valor, abrindo espaço para uma vida mais leve, consciente e restaurada.

Enfrentando o Abismo da Desesperança.

A desesperança pode ser um estado emocional avassalador que lança uma sombra sobre até os momentos mais brilhantes da vida. Ela surge quando alguém percebe uma situação como carente de soluções, levando a um profundo sentimento de desespero. Esse redemoinho de emoções tem o potencial de obscurecer o pensamento racional, dificultar o processo de tomada de decisões e suprimir o crescimento pessoal.

Ao lidar com a desesperança, os indivíduos podem se sentir presos em um ciclo de negatividade, incapazes de vislumbrar uma saída. Os desafios parecem insuperáveis e a motivação enfraquece. Para romper livremente com esse ciclo, é essencial reconhecer que a desesperança é um estado temporário, não uma condição permanente.

Navegando pela Desesperança e Curando-se do Trauma: Dentro do intricado reino das experiências humanas, poucos desafios são tão emocionalmente profundos quanto os efeitos do abuso físico, abuso sexual e violação. Essas formas de trauma podem lançar uma sombra de desesperança, deixando os indivíduos lidando com um imenso tumulto emocional. No entanto, os sobreviventes possuem uma variedade de forças e recursos que podem guiá-los para superar esses efeitos terríveis.

O Agarrar Paralisante da Desesperança: Os efeitos traumáticos do abuso físico, abuso sexual e violação podem mergulhar os indivíduos em um estado de profunda desesperança. As emoções negativas podem distorcer percepções, perturbar o bem-estar emocional e corroer o senso de autoestima. Sobreviventes de tais experiências traumáticas frequentemente carregam o peso de seu passado, lidando com desafios multifacetados.

Abraçando a Jornada de Cura: Apesar do impacto profundo do abuso, os sobreviventes possuem uma capacidade inata de resiliência e cura. A jornada em direção à cura começa com uma mudança deliberada de perspectiva - uma escolha de confrontar as cicatrizes emocionais de frente. Reconhecendo que buscar assistência é um sinal de força, os sobreviventes podem recorrer a profissionais de saúde mental, amigos e redes de apoio para orientação.

O Poder da Conexão e Autocompaixão: A capacidade de amar e ser amado surge como uma ferramenta formidável para superar os efeitos do abuso. Estabelecer e nutrir relacionamentos próximos, onde o compartilhamento e o cuidado são recíprocos, pode ajudar os sobreviventes a reconstruir um senso de confiança e segurança. As pessoas às quais os sobreviventes se sentem mais próximos são frequentemente aquelas que também se sentem próximas a eles. Compartilhar suas experiências com entes queridos e confiar em seus conselhos pode pavimentar o caminho para a cura emocional.

O Peso da Autoculpabilidade e da Culpa

O abuso na infância frequentemente alimenta sentimentos de autoculpabilidade e culpa. Os sobreviventes podem erroneamente acreditar que foram responsáveis pelo abuso, levando a um profundo sentimento de vergonha e culpa. Libertar-se desses sentimentos requer uma reavaliação compassiva do passado e o reconhecimento de que a responsabilidade recai exclusivamente sobre o abusador.

As Raízes da Autoculpabilidade e Culpa: O abuso na infância tem uma maneira insidiosa de plantar as sementes da autoculpabilidade e culpa nos corações dos sobreviventes. Não é incomum que aqueles que sofreram abuso internalizem erroneamente a responsabilidade pelo dano infligido a eles. Essa perspectiva distorcida leva a um poço profundo de vergonha e culpa, ofuscando o autovalor e o bem-estar emocional dos sobreviventes.

A Ilusão da Responsabilidade: Um dos aspectos mais insidiosos da autoculpabilidade e culpa é a ilusão de que os sobreviventes foram de alguma forma responsáveis pelo abuso que sofreram. Essa crença distorcida pode ser perpetuada por táticas manipuladoras empregadas pelos abusadores, bem como pela tendência inata do ser humano em buscar explicações para eventos traumáticos. O resultado é um profundo sentimento de desesperança e vergonha que pode persistir por anos.

Rompendo Livre das Garras da Autoculpabilidade e Culpa começa com uma reavaliação compassiva do passado. Os sobreviventes devem desafiar a narrativa que coloca a culpa neles mesmos e reconhecer que a responsabilidade pelo abuso recai exclusivamente sobre o abusador. Esse processo envolve cultivar a autocompaixão e tratar a si mesmos com a mesma gentileza que se estenderia a um amigo querido.

Desvendando as Correntes da Vergonha: A vergonha é uma emoção poderosa que muitas vezes acompanha a autoculpabilidade, culpa e desespero. Os sobreviventes podem se sentir manchados, danificados e indignos devido às suas experiências passadas. Para se libertarem dessa prisão emocional, os sobreviventes devem confrontar a vergonha de frente. Isso envolve reconhecer que o valor deles como indivíduos não é definido por sua história traumática.

Transformando a Autoculpabilidade em Empoderamento: Conforme os sobreviventes confrontam sua autoculpabilidade e culpa, começam a desvendar as camadas de complexidade emocional que foram construídas ao longo do tempo. Esse processo é um ato de empoderamento próprio, pois os sobreviventes recobram a agência sobre suas próprias narrativas. Ao liberar o domínio da culpa mal colocada, os sobreviventes criam espaço para autocompaixão, autaceitação e crescimento emocional.

Reconstruindo a Confiança e Lidando com Gatilhos: O abuso destroça a confiança, tornando difícil para os sobreviventes confiar nos outros, bem como em si mesmos. Memórias do trauma podem ser acionadas por uma série de estímulos, desde situações específicas até cores, aromas e sons. Os sobreviventes devem navegar por esses gatilhos e gradualmente reconstruir a confiança em si mesmos e em seus relacionamentos.

Reconstruindo a Confiança e Lidando com Gatilhos: O abuso destroça a confiança, tornando difícil para os sobreviventes confiar nos outros, bem como em si mesmos. Memórias do trauma podem ser acionadas por uma série de estímulos, desde situações específicas até cores, aromas e sons. Os sobreviventes devem navegar por esses gatilhos e gradualmente reconstruir a confiança em si mesmos e em seus relacionamentos.

Transcendendo a Vergonha Através do Amor Divino: A vergonha, frequentemente originada de sentimentos de inadequação ou culpa, pode lançar uma sombra pesada sobre o espírito humano. No entanto, a essência divina dentro de cada alma enxerga cada ser com amor e aceitação infinitos. A partir desse ponto de vista, a vergonha é vista como uma ilusão temporária, um véu que obscurece a divindade inerente.

A perspectiva divina guia suavemente as almas a desprenderem-se das camadas de vergonha, reconhecendo que são criações estimadas do universo. Cada indivíduo é uma expressão única do divino, digno de amor incondicional. Conforme os indivíduos descascam as camadas de vergonha, eles revelam o brilho de seus verdadeiros seres, radiantes e livres de fardos.

O Poder Curativo da Conexão Divina: A partir da perspectiva divina, o caminho para a cura é iluminado pelo poder da conexão. O universo incentiva os indivíduos a se aproximarem, não apenas de seus semelhantes humanos, mas também da fonte divina de toda a vida. O ato de buscar conforto na oração, meditação ou momentos de tranquilidade promove uma conexão profunda que transcende as limitações da experiência humana.

A conexão divina serve como uma luz guia através do labirinto da desesperança e da vergonha. Ela lembra os indivíduos de que nunca estão sozinhos, que uma presença superior caminha ao lado deles em sua jornada. Nessa conexão, as almas encontram força, conforto e coragem para navegar por suas paisagens emocionais.

Abraçando o Perdão Divino e a Autocompaixão: Aos olhos do divino, o perdão não é apenas um ato, mas um estado de ser. O Divino perdoa todos os erros, sem julgamento ou condenação. A partir dessa perspectiva, o autoperdão é uma extensão natural do amor divino. É o entendimento de que cada alma está em um caminho único, aprendendo e crescendo através de suas experiências.

A autocompaixão divina encoraja os indivíduos a liberar a autoculpabilidade e abraçar sua dignidade inata. A perspectiva divina vê cada alma como uma obra-prima em progresso, com cada falha e imperfeição contribuindo para a tela da existência. Ao abraçar essa perspectiva, os indivíduos podem embarcar em uma jornada de autodescoberta, desenterrando sua verdadeira essência.

Abraçando a Luz Divina Interior: Em última análise, a perspectiva divina convida os indivíduos a se enxergarem através da lente do amor e sabedoria divinos. A desesperança e a vergonha são apenas nuvens passageiras que obscurecem o brilho da alma. Ao acessar a essência divina interior, os indivíduos podem transcender essas emoções e entrar em um reino de empoderamento, cura e autoaceitação.

Uma Perspectiva Clínica sobre Navegar na Jornada de Recuperação

O caminho para a recuperação envolve abraçar complexidades emocionais intrincadas, buscar a orientação de especialistas profissionais e embarcar em uma jornada transformadora rumo à cura e ao empoderamento. No cerne dessa expedição está o reconhecimento de que os sobreviventes não são definidos por suas experiências passadas; eles possuem a capacidade de reivindicar seu valor próprio inerente e equilíbrio emocional.

Estratégias para Superar e Prosperar: No meio do mar tumultuado de emoções, a estratégia de buscar apoio emerge como uma linha vital essencial. Estabelecer conexões com amigos, família ou profissionais qualificados apresenta perspectivas novas e insights inestimáveis na narrativa do sobrevivente. Além disso, desmembrar desafios avassaladores em fragmentos administráveis renova um senso de controle e progresso, abrindo caminho para uma transformação gradual.

A Jornada do Desespero ao Otimismo: A transição do desespero para a esperança é uma viagem iluminada alimentada pelo cultivo da resiliência e pelo potencial de mudança positiva. Um tecido de conquistas passadas entrelaçado com uma visão de um futuro mais brilhante reacende a centelha de otimismo no espírito do sobrevivente. Da mesma forma, a mudança da vergonha para a autocompaixão envolve estender a si mesmo a mesma gentileza e empatia acolhedora que se ofereceria a um confidente querido.

O Papel Crucial do Apoio Profissional: Embarcar na jornada de liberar a autoculpabilidade e a culpa pode ser uma expedição assustadora, mas os sobreviventes não precisam percorrer esse terreno sozinhos. O suporte profissional, construído por terapeutas, orientadores e grupos de apoio, oferece tanto orientação quanto um refúgio para os sobreviventes navegarem pelo intrincado labirinto de emoções. Munidos de expertise, esses profissionais auxiliam os sobreviventes em desafiar crenças distorcidas, reformulando perspectivas e embarcando em um caminho inabalável de cura.

Abraçando a Libertação

Viver Sem Vergonha

Na sociedade atual, onde nossas ações e emoções são frequentemente moldadas por normas e expectativas sociais, a busca por abraçar a libertação e viver sem vergonha emergiu como uma viagem essencial rumo à descoberta de si mesmo e à conquista da felicidade. Fundamentalmente, esse esforço gira em torno de se libertar das amarras do julgamento e da autodesconfiança, capacitando os indivíduos a expressarem sem reservas suas verdadeiras essências, sem qualquer apreensão ou receio.

O Peso da Vergonha: "*O Peso da Vergonha*" refere-se ao pesado sofrimento emocional e psicológico vivenciado quando indivíduos internalizam sentimentos de culpa, constrangimento ou inadequação devido a falhas percebidas, erros ou julgamentos sociais. Esse fardo se manifesta como um profundo senso de falta de valor e frequentemente resulta em autopercepção negativa, prejudicando o crescimento pessoal e o bem-estar. O peso da vergonha é criado por uma complexa interação de crenças internalizadas, expectativas sociais e experiências pessoais. Ele surge quando os indivíduos internalizam inadequações percebidas, erros ou desvios das normas sociais, levando a sentimentos de culpa, constrangimento e falta de valor. Esse fardo é ainda alimentado pelo autojulgamento crítico e pelo medo de rejeição social, o que pode ter um impacto profundo na saúde mental e emocional.

Abordar e tratar a vergonha envolve uma abordagem multifacetada que combina autoconsciência, autocompaixão e intervenções terapêuticas. Aqui estão algumas estratégias a considerar:

- Autoconsciência: Reconheça e admita a presença da vergonha em seus pensamentos e emoções. Identifique as situações que costumam evocar sentimentos de vergonha.
- Autocompaixão: Pratique a autocompaixão tratando-se com a mesma gentileza e compreensão que você ofereceria a um amigo. Substitua a autocrítica por um diálogo interno de apoio e afirmação.
- Desafiar Crenças Negativas: Examine e desafie as crenças e pensamentos negativos que contribuem para os sentimentos de vergonha. Substitua-os por perspectivas mais equilibradas e realistas.
- Terapia: Considere buscar terapia, como a terapia cognitivo-comportamental (TCC) ou terapia baseada em mindfulness. Terapeutas podem ajudar você a explorar as origens da sua vergonha, desenvolver estratégias de enfrentamento e reformular sua autopercepção.
- Terapia em Grupo: Participe de sessões de terapia em grupo onde você pode compartilhar suas experiências com outras pessoas que enfrentaram desafios semelhantes. Isso pode ajudar a reduzir sentimentos de isolamento e proporcionar um ambiente de apoio para a cura.
- "Mindfulness" Atenção Plena e Meditação: Pratique a atenção plena e a meditação para observar seus pensamentos e emoções sem julgamento. Isso pode

criar distância da intensidade da vergonha e promover uma visão mais compassiva de si mesmo.
- Afirmações Positivas: Use afirmações positivas para combater a autocrítica e reforçar sentimentos de autovalor e aceitação.
- Abraçar a Vulnerabilidade: Permita-se ser vulnerável com pessoas de confiança. Compartilhar suas lutas pode levar a conexões mais profundas e a um senso de alívio.
- Cultive Relacionamentos Positivos: Cerque-se de pessoas que o elevem e apoiem. Relacionamentos saudáveis podem neutralizar os efeitos negativos da vergonha.
- Perdão: Perdoe a si mesmo por erros passados e reconheça que todos cometem equívocos. Entenda que o crescimento e o aprendizado frequentemente surgem dessas experiências.

Lembre-se de que tratar a vergonha é um processo contínuo que requer paciência e dedicação. Trabalhar com um terapeuta ou conselheiro pode oferecer orientação personalizada e apoio em sua jornada em direção à cura e autoaceitação.

Do ponto de vista clínico

Do ponto de vista clínico, o conceito de "Abraçar a Libertação: Viver Sem Vergonha" tem implicações profundas para a saúde mental e o bem-estar geral. Profissionais de saúde mental entendem que a vergonha pode ter um impacto profundamente enraizado nos indivíduos, e a jornada rumo à libertação da vergonha é um aspecto crucial para promover a resiliência psicológica e o crescimento.

A vergonha, uma resposta emocional complexa frequentemente desencadeada por uma percepção de falha em atender às expectativas sociais ou pessoais, pode deixar marcas duradouras no estado mental e emocional de um indivíduo. Do ponto de vista clínico, a vergonha pode se manifestar como sentimentos de falta de valor, autocrítica e um medo intensificado de rejeição. Isso pode levar a uma variedade de desafios psicológicos, incluindo ansiedade, depressão e baixa autoestima.

O Papel da Autoaceitação na Cura: Abraçar a libertação da vergonha requer uma base de autoaceitação. Pesquisas clínicas enfatizam consistentemente a importância da autocompaixão e do autoperdão na promoção do bem-estar mental. Intervenções terapêuticas voltadas para ajudar os indivíduos a desenvolver a autoaceitação podem criar uma mudança poderosa em sua mentalidade, permitindo-lhes reformular experiências passadas e erros como oportunidades de crescimento, em vez de fontes de vergonha.

Abordagens Cognitivo-Comportamentais para Lidar com a Vergonha: A terapia cognitivo-comportamental (TCC) oferece estratégias eficazes para abordar e transformar a vergonha. Terapeutas podem trabalhar com os indivíduos para identificar padrões de pensamento negativos e crenças que perpetuam sentimentos de vergonha. Ao desafiar e substituir esses pensamentos por alternativas mais equilibradas e compassivas, os indivíduos podem gradualmente mudar sua percepção de si mesmos e de suas experiências.

Desvendando o Poder da Vulnerabilidade na Terapia: No ambiente terapêutico, abraçar a vulnerabilidade se torna um ponto crucial de cura. Criar um espaço seguro e sem julgamentos permite que os indivíduos compartilhem suas experiências e emoções que causam vergonha. Terapeutas guiam os clientes através do processo de autodescoberta, ajudando-os a entender as origens de sua vergonha e fornecendo ferramentas para navegar e liberar essas emoções.

Desmantelando a Vergonha Através da Terapia em Grupo: A terapia em grupo pode desempenhar um papel significativo em liberar os indivíduos da vergonha. Compartilhar experiências com colegas que enfrentaram desafios semelhantes promove um senso de pertencimento e reduz o isolamento. Participar de discussões em grupo e testemunhar o crescimento dos outros pode proporcionar insights e perspectivas poderosas que contribuem para o processo de libertação.

Abordagens Baseadas em Mindfulness para Redução da Vergonha: Práticas de mindfulness ganharam destaque em ambientes clínicos devido à sua eficácia no tratamento de uma variedade de preocupações psicológicas, incluindo a vergonha. O mindfulness encoraja os indivíduos a observarem seus pensamentos e emoções sem julgamento, ajudando-os a se desvincular do domínio da autocrítica induzida pela vergonha. Com o tempo, o mindfulness pode levar a uma maior regulação emocional e a uma visão mais compassiva de si mesmos.

Incorporando Princípios da Psicologia Positiva: A psicologia positiva oferece um framework valioso para promover a jornada em direção à libertação da vergonha. Ao focar em pontos fortes, gratidão e experiências positivas, os indivíduos podem equilibrar o peso da vergonha com um sentimento de empoderamento e autovalor. Praticar exercícios de gratidão, estabelecer metas alcançáveis e se envolver em atividades que tragam alegria podem contribuir para essa transformação.

A Aliança Terapêutica e a Libertação: A aliança terapêutica entre cliente e terapeuta desempenha um papel fundamental em orientar os indivíduos a abraçar a libertação da vergonha. Ao cultivar confiança, empatia e um ambiente sem julgamentos, os terapeutas criam um espaço onde os clientes se sintam validados e compreendidos. Essa aliança se torna a base sobre a qual os indivíduos podem explorar sua vergonha, desafiar seu domínio e trabalhar em direção a viver autenticamente.

Terapia Holística Get Up And Go

Como o Livro Pode Ajudar?

Terapia Holística Get Up And Go apresenta uma abordagem inovadora e integral de cura emocional, conectando mente e corpo. A Dra. Maria Pinto Barbosa mostra como dores emocionais não resolvidas não desaparecem-elas se transformam em desconfortos físicos, tensões crônicas e até doenças psicossomáticas.

Nesse livro, você encontrará estratégias como:
- **Autoconsciência:** Aprenda a reconhecer os bloqueios emocionais e as situações que evocam a vergonha e muitas outras emoções emocionais.

- **Autocompaixão:** Substitua a crítica interna por um diálogo gentil, como se falasse com um amigo querido.
- **Desconstrução de Crenças Negativas:** Reestruture pensamentos destrutivos com perspectivas mais realistas e curativas.
- **Libertação Emocional:** Técnicas práticas para liberar emoções reprimidas que bloqueiam o bem-estar.

Este Livro- Terapia Holística Get Up and Go é Ideal para:

- Pessoas em busca de cura emocional profunda
- Profissional de saúde mental, Coaches, terapeutas, conselheiros pastorais e líderes espirituais que desejam ferramentas práticas para ajudar seus clientes
- Todos que desejam recuperar o equilíbrio emocional e viver com mais leveza, propósito e autenticidade

Já está disponível no Amazon! *O livro está disponível em três idiomas: Inglês, Português e Espanhol.*

Não espere mais para iniciar sua jornada de transformação. Liberte-se do peso da vergonha e de outras emoções dolorosas. Cure suas feridas. Restaure sua autoestima.

Adquira agora o seu exemplar de Terapia Holística *Get Up And Go* da Dra. Maria Pinto Barbosa e descubra o poder da terapia holística para curar de dentro para fora!

Abraçando a Libertação e Superando a Vergonha

Revelando o Poder dos Temperamentos

Cada temperamento brilha com suas próprias forças únicas e apresenta seu conjunto distinto de desafios na jornada em direção à libertação. O caminho para viver autenticamente e livre das correntes da vergonha não é universal; em vez disso, requer uma compreensão profunda das características inatas de cada um e das estratégias personalizadas que podem capacitar indivíduos de todos os temperamentos a abraçar plenamente a libertação. Vamos explorar como cada um dos cinco temperamentos aborda o processo de se libertar da vergonha e viver autenticamente.

O Temperamento Colérico: Superando a Vergonha Através da Liderança

Indivíduos com um temperamento colérico possuem uma condução inata para a liderança, frequentemente irradiando confiança e assertividade. No entanto, essa força pode se tornar um desafio quando se transforma em medo de vulnerabilidade. A jornada em direção à libertação para os coléricos envolve reconhecer que a vulnerabilidade não é fraqueza, mas sim um caminho para conexões genuínas. Ao aproveitar suas qualidades naturais de liderança para guiar com vulnerabilidade, os coléricos podem se libertar das garras da vergonha e construir conexões autênticas que enriquecem suas vidas.

O Temperamento Melancólico: Revelando Força Através da Autocompaixão

Os melancólicos frequentemente possuem um profundo senso de introspecção e empatia, mas essa sensibilidade às vezes pode levar à autocrítica e ao perfeccionismo. A jornada em direção à libertação para os melancólicos concentra-se em praticar a autocompaixão e perdoar a si mesmos por suas supostas falhas. Ao compreender que erros fazem parte da experiência humana, os melancólicos podem transformar seu crítico interno em um guia acolhedor, promovendo um ambiente de autoaceitação e crescimento.

O Temperamento Fleumático: Liberando-se Através da Expressão Assertiva

Indivíduos fleumáticos são conhecidos por sua calma e natureza tranquila, no entanto, essa tranquilidade às vezes pode sufocar sua capacidade de expressar suas necessidades e desejos. O caminho para a libertação dos fleumáticos envolve abraçar a assertividade como uma ferramenta de autodefesa. Ao aprender a comunicar seus desejos e estabelecer limites saudáveis, os fleumáticos podem se libertar da vergonha de suprimir sua voz, permitindo-lhes viver autenticamente e se engajar plenamente nas oportunidades da vida.

O Temperamento Sanguíneo: Abraçando a Autenticidade com Entusiasmo

Indivíduos sanguíneos são conhecidos por seu entusiasmo contagiante e ânimo pela vida. No entanto, essa exuberância exterior às vezes pode mascarar inseguranças internas, levando a um ciclo de busca por validação externa. O caminho para a libertação dos sanguíneos envolve direcionar seu entusiasmo para o interior, usando-o para explorar sua verdadeira essência sem medo de julgamento. Ao abraçar seus pensamentos e sentimentos autênticos, os sanguíneos podem romper as correntes da vergonha e adentrar uma vida alimentada por paixão genuína e autoaceitação.

O Temperamento Supino: Cultivando Empoderamento Através da Independência

Indivíduos supinos frequentemente priorizam as necessidades dos outros acima das suas próprias, demonstrando empatia e compaixão excepcionais. No entanto, esse altruísmo pode levar a um sentimento de serem subestimados, promovendo a vergonha e a autodúvida. A jornada em direção à libertação dos supinos envolve cultivar a independência e compreender que cuidar de si não é egoísmo. Ao afirmar suas necessidades e nutrir seu bem-estar, os supinos podem romper o ciclo da vergonha e encontrar empoderamento em sua capacidade de criar uma vida equilibrada.

Temperamentos Misturados

Os temperamentos misturados são combinações dos temperamentos principais. Existem temperamentos misturados que são compostos por combinações dos temperamentos centrais. Vamos explorar como os temperamentos misturados abordam a jornada de viver autenticamente e sem vergonha de maneiras excepcionais e próprias.

Combinação Colérico-Sanguíneo: Indivíduos com essa combinação unem assertividade e sociabilidade. Eles abraçam a libertação estabelecendo metas audaciosas e buscando apoio de seus círculos sociais. Eles podem se livrar da vergonha ao reconhecer suas imperfeições enquanto focam em suas conquistas. Sua energia dinâmica os ajuda a prosperar na autexpressão e no crescimento pessoal.

Combinação Sanguíneo-Fleumático: Essa combinação une entusiasmo com empatia. Aqueles com esse temperamento abraçam a libertação cultivando a autocompaixão e usando suas habilidades sociais para formar conexões autênticas. Eles podem deixar de lado a vergonha ao compartilhar seus sentimentos e praticar a autoaceitação. Sua natureza acessível os ajuda a criar um ambiente de apoio para si mesmos.

Combinação Fleumático-Melancólico: Indivíduos com essa combinação possuem introspecção tranquila. Eles abraçam a libertação mergulhando em suas emoções e praticando o mindfulness. Liberar a vergonha envolve aceitar suas sensibilidades enquanto desafiam percepções negativas de si mesmos. Sua abordagem autorreflexiva permite que cresçam por meio da autoconsciência e do autocuidado.

Combinação Melancólico-Supino: Essa combinação une sensibilidade a um desejo de agradar. Indivíduos com essa combinação abraçam a libertação ao valorizar sua singularidade e estabelecer limites. Deixar de lado a vergonha envolve reconhecer seu valor além da validação externa. Sua natureza cuidadosa os ajuda a formar conexões profundas que incentivam a autoaceitação.

Combinação Supino-Colérico: Aqueles com essa combinação unem gentileza com assertividade. Eles abraçam a libertação ao afirmar suas necessidades e buscar objetivos pessoais. Para liberar a vergonha, eles se concentram em suas qualidades e contribuições enquanto lidam com a autodúvida. Sua capacidade de equilibrar empatia com autoconfiança aprimora sua jornada em direção à autenticidade.

Os temperamentos mesclados oferecem uma variedade diversificada de pontos fortes que podem ser aproveitados para abraçar a libertação e viver sem vergonha. Ao reconhecerem suas qualidades únicas e empregarem estratégias que estejam alinhadas com sua natureza mesclada, os indivíduos podem percorrer sua jornada em direção à autodescoberta e autoaceitação.

Conclusão: Tão diversificados quanto a própria experiência humana, os cinco temperamentos oferecem caminhos únicos para abraçar a libertação e superar a vergonha. Ao compreenderem as forças e os desafios inerentes a cada temperamento, os indivíduos podem aproveitar suas inclinações naturais para se libertarem do domínio da vergonha e viverem autenticamente. A jornada rumo à libertação é transformadora, guiada pela autoaceitação e pela crença inabalável no poder das qualidades inatas de cada um. Ao embarcar nessa jornada, indivíduos de todos os estilos de vida podem pavimentar o caminho para um futuro mais brilhante e libertador.

PARTE 5 – CURA, AUTOACEITAÇÃO E TRANSFORMAÇÃO

A Função da Autoaceitação na Cura

Quebrando o ciclo

À medida que os indivíduos cultivam a autoaceitação, eles criam um ambiente acolhedor onde suas feridas emocionais podem cicatrizar. Ao reconhecerem suas vivências, emoções e imperfeições, eles se libertam do peso da autocrítica e da vergonha. Essa abordagem de autocompaixão abre um espaço para que a cura autêntica se desenrole.

Dentro do contexto da cura, a autoaceitação também atua como um catalisador para romper o ciclo de autocrítica negativa e comportamentos autodestrutivos. Ao abraçar suas autênticas essências e reconfigurar experiências passadas, os indivíduos podem reescrever suas narrativas internas, passando da autocrítica para o autoempoderamento. Ao lidar com feridas infligidas a si mesmos, um caminho para o crescimento pessoal se revela.

Intervenções terapêuticas voltadas para promover a autoaceitação têm o poder de catalisar uma mudança significativa na mentalidade. Essas intervenções permitem que as pessoas reformulem experiências e erros do passado, enxergando-os como oportunidades de crescimento ao invés de fontes de vergonha. Esse processo transformador abre o caminho para um desenvolvimento pessoal profundo e cura emocional.

Abordagens Cognitivo-Comportamentais para Lidar com a Vergonha: A terapia cognitivo-comportamental (TCC) oferece estratégias eficazes para abordar e transformar a vergonha. Os terapeutas podem trabalhar com os indivíduos para identificar padrões de pensamento negativos e crenças que perpetuam sentimentos de vergonha. Ao desafiar e substituir esses pensamentos por alternativas mais equilibradas e compassivas, as pessoas podem gradualmente mudar sua percepção de si mesmas e de suas experiências.

Revelando o Poder da Vulnerabilidade na Terapia: No ambiente terapêutico, abraçar a vulnerabilidade se torna um ponto crucial de cura. Criar um espaço seguro e livre de julgamentos permite que as pessoas compartilhem suas experiências e emoções que geram vergonha. Os terapeutas orientam os clientes através do processo de autoconhecimento, ajudando-os a compreender as origens de sua vergonha e fornecendo ferramentas para navegar e liberar essas emoções.

Desmantelando a Vergonha Através da Terapia em Grupo: A terapia em grupo pode desempenhar um papel significativo na libertação das pessoas da vergonha. Compartilhar experiências com colegas que enfrentaram desafios semelhantes promove um sentimento de pertencimento e reduz o isolamento. Participar de discussões em grupo e testemunhar o crescimento dos outros pode proporcionar insights poderosos e perspectivas que contribuem para o processo de libertação.

Abordagens Baseadas em Mindfulness para a Redução da Vergonha: As práticas de mindfulness ganharam destaque em ambientes clínicos por sua eficácia em lidar com uma variedade de preocupações psicológicas, incluindo a vergonha. O mindfulness encoraja as pessoas a observarem seus pensamentos e emoções sem julgamento, ajudando-as a se desvincularem do domínio da autocrítica induzida pela vergonha. Com o tempo, o mindfulness pode levar a uma maior regulação emocional e a uma visão de si mesmo mais compassiva.

Incorporando Princípios da Psicologia Positiva: A psicologia positiva oferece um framework valioso para promover a jornada em direção à libertação da vergonha. Ao focar em pontos fortes, gratidão e experiências positivas, as pessoas podem equilibrar o peso da vergonha com um sentimento de empoderamento e autoestima. Praticar exercícios de gratidão, estabelecer metas alcançáveis e se envolver em atividades que tragam alegria podem contribuir para essa transformação.

A Aliança Terapêutica e a Libertação: A aliança terapêutica entre o cliente e o terapeuta desempenha um papel crucial em guiar as pessoas rumo à abraçar a libertação da vergonha. Ao promover confiança, empatia e um ambiente sem julgamentos, os terapeutas criam um espaço onde os clientes se sentem validados e compreendidos. Essa aliança se torna a base sobre a qual as pessoas podem explorar sua vergonha, desafiar seu domínio e trabalhar rumo a uma vida autêntica.

Explorando o Ônus Psicológico e Emocional da Vergonha

A vergonha, uma reação emocional multifacetada frequentemente desencadeada pela percepção de não atender aos padrões sociais ou pessoais, tem o potencial de deixar marcas duradouras na paisagem mental e emocional de um indivíduo. De um ponto de vista clínico, a vergonha pode se manifestar como emoções de autovalor diminuído, autocrítica intensa e uma apreensão amplificada de rejeição. Essa emoção intricada é frequentemente o precursor de uma variedade de obstáculos psicológicos, abrangendo ansiedade, depressão e autoestima diminuída.

A vergonha, uma emoção complexa enraizada em nossa percepção de não corresponder a expectativas, carrega um peso substancial no âmbito da psicologia. Quando alguém experimenta vergonha, uma teia de emoções se desenrola, entrelaçando autocrítica, falta de valor próprio e uma sensação avassaladora de inadequação. Essa mistura emocional, se não tratada, pode corroer o bem-estar mental e emocional de um indivíduo.

A vergonha tem um impacto profundo na saúde psicológica. O aperto sufocante da vergonha pode servir como um catalisador para a ansiedade intensificada. A constante apreensão de ser julgado ou rejeitado, decorrente do medo de expor as supostas deficiências, pode levar a um estado de desconforto crônico. O ciclo de autodúvida alimentado pela vergonha pode se transformar em uma espiral rumo às profundezas da depressão, à medida que o peso emocional se torna excessivamente opressivo.

Além disso, a vergonha cultiva um solo fértil para o surgimento da baixa autoestima. Os sentimentos de indignidade que acompanham a vergonha contribuem para uma imagem distorcida de si mesmo, manchando a lente através da qual se enxerga. Essa autopercepção distorcida pode se espalhar por diversos aspectos da vida, prejudicando a capacidade de se envolver com confiança no mundo.

É essencial reconhecer que a vergonha não é uma emoção isolada; ela é um precursor de uma série de desafios psicológicos. Suas raízes se estendem além de um único sentimento, impactando várias facetas do cenário mental de alguém. No entanto, reconhecer essa complexidade emocional é o primeiro passo para enfrentar seus efeitos.

Explorando a Liberação da Atenção Plena Emocional

Ao engajar-se na prática de observar pensamentos e emoções sem conectá-los à negatividade, as pessoas traçam um caminho que as distancia das garras da vergonha. Esse processo nutre um ambiente caracterizado por libertação, bem-estar emocional e genuína liberdade.

A vergonha, uma emoção poderosa que frequentemente nos aprisiona em sentimentos de indignidade, exerce considerável influência sobre nossas vidas. No entanto, a atenção plena oferece uma via transformadora para romper essas correntes. Ela nos encoraja a assumir o papel de observadores, desapegados do domínio de nossos pensamentos e sentimentos. Essa mudança de perspectiva possui imenso significado. Ao nos desvencilharmos da narrativa autocrítica da vergonha, lançamos os alicerces para a verdadeira liberdade.

Através do ato de conscientização plena, à medida que pensamentos e emoções surgem, sem impor julgamento sobre eles, criamos um espaço onde as correntes da vergonha começam a afrouxar seu controle. Essa prática permite uma separação entre nossa essência central e as emoções transitórias que fluem por nós.

A prática da atenção plena nos capacita a perceber nossos pensamentos e emoções com um desapego compassivo. Aprendemos a reconhecer sua presença sem categorizá-los imediatamente como "positivos" ou "negativos". Essa postura não julgadora desfaz os laços que nos prendem ao peso da vergonha, permitindo-nos compreender nossas emoções a partir de um lugar de clareza e empatia.

Abraçar a atenção plena diante da vergonha representa um passo significativo em direção à liberação emocional. Isso envolve abraçar o momento presente e observar nossos pensamentos e sentimentos sem lançá-los à sombra da negatividade. Através dessa prática, cultivamos o bem-estar emocional, desconstruímos as bases da vergonha e nos abrimos a um profundo e transformador sentido de liberdade.

A Perspectiva Divina de "Abraçando a Liberação: Vivendo Sem Vergonha"

De uma perspectiva divina, a jornada de "Abraçando a Liberação: Vivendo Sem Vergonha" carrega um profundo significado espiritual que transcende as limitações humanas. Essa perspectiva nos convida a explorar a interconexão de nossa essência espiritual com o conceito de liberação e lança luz sobre como abraçar nossa natureza divina pode nos conduzir a viver sem o fardo da vergonha.

Reconhecendo Nossa Divindade Inerente: Em muitas tradições espirituais, acredita-se que cada indivíduo carrega uma centelha de divindade interior. Abraçar a liberação da vergonha envolve reconhecer essa divindade inerente e compreender que nossa dignidade não é definida por julgamentos externos ou expectativas sociais. Ao nos conectarmos com nossa essência divina, podemos transcender as limitações da vergonha e compreender nossa verdadeira natureza.

O Amor Incondicional do Divino: De uma perspectiva divina, o conceito de amor incondicional é central para abraçar a liberação. O divino, frequentemente retratado como uma fonte de amor e compaixão ilimitados, nos enxerga além de nossos erros e imperfeições. Esse amor divino serve como uma luz orientadora, iluminando o caminho em direção à autoaceitação e cura da vergonha.

Transmutando a Vergonha Através da Alquimia Espiritual: A alquimia espiritual refere-se ao processo de transformar elementos básicos em estados mais elevados de existência. De maneira similar, a partir de uma perspectiva divina, a vergonha pode ser transmutada em crescimento e autoconsciência. Ao reconhecermos nossas experiências e emoções sem julgamento, iniciamos um processo de alquimia interior, onde a vergonha é gradualmente transformada em sabedoria e liberação.

Abraçando o Perdão e a Redenção: Perspectivas divinas frequentemente enfatizam o poder do perdão e da redenção. Abraçar a liberação da vergonha requer perdoar a nós mesmos por erros e transgressões passados. Através desse ato de autoperdão, alinhamo-nos ao princípio divino da redenção, permitindo-nos liberar o peso da vergonha e embarcar em uma jornada de renovação.

Rendendo-se à Orientação Divina: Na busca pela liberação, render-se à orientação divina torna-se fundamental. A partir de uma perspectiva divina, reconhecemos que fazemos parte de um plano cósmico maior. Ao renunciar aos nossos desejos egoístas e nos alinharmos com o fluxo divino, nos abrimos a um caminho de autenticidade, onde a vergonha perde sua influência e a verdadeira liberação enraíza-se.

Incorporando a Graça Divina: A graça divina, frequentemente descrita como um presente imerecido concedido a nós, desempenha um papel fundamental na jornada rumo à liberação. Quando abrimos nossos corações para receber a graça divina, convidamos energias de cura que dissolvem a vergonha e a substituem por um profundo sentimento de paz e aceitação. Incorporar a graça divina permite-nos viver sem as restrições da vergonha.

Navegando pelas Sombras com a Luz Divina: Cada indivíduo possui aspectos de luz e sombra. De uma perspectiva divina, abraçar a liberação envolve acolher nossas sombras com a luz divina. Ao reconhecer e integrar esses aspectos, avançamos em direção à totalidade e à auto-integração. A luz divina dentro de nós nos guia por esse processo, dissipando a escuridão da vergonha.

Cultivando a Compaixão Através da Unidade: Perspectivas divinas frequentemente enfatizam a interconexão de todos os seres. Quando reconhecemos que fazemos parte de um todo universal, a compaixão surge naturalmente. Ao estendermos a compaixão a nós mesmos e aos outros, criamos um ambiente harmonioso onde a vergonha não pode prosperar. Essa consciência de unidade promove uma atmosfera de liberação e amor.

Abraçando o Espelho Divino Interior: Em muitos ensinamentos espirituais, o mundo exterior é visto como um reflexo de nosso estado interno. Abraçar a liberação envolve olhar para dentro e reconhecer o espelho divino que reflete nossa verdadeira essência. Ao alinhar nossos pensamentos, crenças e ações a esse reflexo divino, transcendemos a vergonha e entramos em nosso poder autêntico.

Ensinamentos Bíblicos

A Bíblia oferece sabedoria sobre como lidar com o conceito de "Abraçando a Liberação: Vivendo Sem Vergonha": Os versículos destacam a importância de buscar a presença de Deus, abraçar o perdão e confiar em Suas promessas para superar a vergonha e viver em liberdade.

- Salmos 34:5: "Olharam para ele e foram iluminados; os seus rostos jamais ficarão envergonhados." Este versículo nos lembra que buscar a presença de Deus pode levar a um sentido de libertação radiante, onde a vergonha é substituída pela graça divina e aceitação.
- Romanos 8:1: "Portanto, agora já não há condenação para os que estão em Cristo Jesus." Este versículo enfatiza que através da fé em Cristo, os crentes são libertados da condenação e da vergonha. Abraçar a libertação envolve compreender o perdão e a liberdade oferecidos pela fé.

- Isaías 54:4: "Não tenha medo, pois você não será envergonhada. Não fique desanimada, pois você não será humilhada. Você esquecerá a vergonha de sua juventude..." A promessa de Deus de proteção contra a vergonha e humilhação nos tranquiliza de que a libertação é alcançável através da fé e confiança Nele.
- Hebreus 4:16: "Aproximemo-nos do trono da graça de Deus com confiança, para que possamos receber misericórdia e encontrar graça para nos ajudar em nosso tempo de necessidade." Abraçar a libertação envolve buscar a graça e misericórdia de Deus, sabendo que Seu amor supera a vergonha e nos capacita a viver autenticamente.
- 1 João 1:9: "Se confessarmos os nossos pecados, ele é fiel e justo para nos perdoar os pecados e nos purificar de toda injustiça." O caminho para a libertação inclui reconhecer nossos erros, buscar o perdão e compreender que o perdão de Deus nos purifica da vergonha.
- Provérbios 3:26: "O Senhor será a tua confiança e guardará os teus pés de serem presos." Confiar na orientação de Deus pode levar à libertação das armadilhas da vergonha. A presença do Senhor oferece proteção e capacitação para superar a autodúvida.
- 2 Coríntios 3:17: "O Senhor é o Espírito e, onde está o Espírito do Senhor, ali há liberdade." Abraçar a libertação envolve reconhecer que o Espírito de Deus traz liberdade da vergonha e nos capacita a viver em alinhamento com nosso verdadeiro eu.

Conclusão

Ao reconhecermos nossa essência inata, abraçarmos o amor ilimitado e integrarmos princípios espirituais como perdão, rendição e graça, iniciamos uma jornada transformadora profunda em direção a uma vida autêntica, liberta do domínio da vergonha. Essa perspectiva serve como um lembrete poderoso de que nossa jornada rumo à libertação envolve não apenas uma busca pessoal, mas também um chamado divino.

Navegando pelo Caminho da Libertação

Através dos Temperamentos

De um ponto de vista clínico, entender e percorrer esse caminho envolve reconhecer a interação entre o temperamento e o bem-estar psicológico. Embora o objetivo principal continue sendo a autoaceitação e o empoderamento, adaptar estratégias que estejam em sintonia com os temperamentos individuais pode facilitar um processo terapêutico mais eficaz, promovendo um autoconhecimento aprimorado, resiliência emocional e crescimento sustentável.

A jornada rumo à abraçar a libertação e viver autenticamente é uma expedição profunda que assume tons únicos para cada temperamento. Embora os caminhos tomados possam divergir, o tema geral permanece consistente – uma jornada enraizada na autoaceitação e no reconhecimento de que o domínio da vergonha pode ser solto ao abraçar as forças inerentes internas. Através da utilização de estratégias personalizadas que se alinham perfeitamente com seus temperamentos individuais, as pessoas podem traçar seu percurso pela expedição em direção à libertação com um autoconhecimento aprimorado, resiliência inabalável e um renovado senso de empoderamento.

Estratégias Personalizadas para Cada Temperamento

Colerico: *Estabeleça metas audaciosas, enfrente os desafios de frente e canalize sua energia em ações* *decisivas. Sua jornada de libertação prospera em sua determinação implacável.*

Melancólico: *Envolva-se em autorreflexão por meio de escrita em um diário, abrace sua sensibilidade como um superpoder e encontre empoderamento ao compartilhar suas emoções autênticas.*

Flegmático: *Priorize o autocuidado, pratique a atenção plena e permita que sua calma inata guie sua jornada rumo à libertação.*

Sanguíneo: *Fomente conexões, insufle positividade em cada empreendimento e deixe seu entusiasmo ser a força motriz de sua expedição de libertação.*

Supino: *Cultive a autoafirmação, saia da sua zona de conforto e descubra a força dentro de você que está esperando para ser libertada.*

Temperamentos Diversos, Jornadas Diversas

Os temperamentos são as linhas que tecem nossos caracteres inatos, moldando como percebemos e interagimos com o mundo. Dentro do quadro dos cinco temperamentos centrais - colérico, melancólico, sanguíneo, fleumático e supino - as rotas tomadas são tão diversas quanto as personalidades em si. Aqui está um vislumbre de como estratégias personalizadas podem guiar cada temperamento em direção a esse objetivo comum:

Temperamento Colérico: Usando a Liderança para Inspirar

Indivíduos com temperamento colérico podem aproveitar sua assertividade natural e qualidades de liderança para inspirar mudanças. Ao direcionar sua motivação inata para metas construtivas e defender causas nas quais acreditam, eles criam um caminho para a libertação que celebra sua natureza influente e minimiza o impacto da vergonha.

Temperamento Melancólico: Nutrindo a Autocompaixão e o Crescimento

A jornada rumo à libertação para indivíduos melancólicos envolve nutrir a autocompaixão e praticar o perdão para consigo mesmos. Ao abraçar sua natureza introspectiva e enxergar imperfeições percebidas como degraus para o crescimento, eles cultivam um caminho compassivo, transformador e livre do peso da vergonha.

Temperamento Fleumático: Cultivando o Empoderamento por meio da Assertividade

Indivíduos com temperamento fleumático podem libertar-se da vergonha cultivando a assertividade. Ao expressar suas necessidades e desejos com confiança, eles superam a tendência de serem eclipsados, permitindo que suas verdadeiras essências brilhem sem desculpas.

Temperamento Sanguíneo: Expressando Autenticidade por meio do Entusiasmo

Para o temperamento sanguíneo, abraçar a libertação envolve aceitar seu entusiasmo pela vida e permitir que ele seja a força motriz por trás de sua expressão autêntica. Ao irradiar positividade e usar sua energia para elevar a si mesmos e aos outros, eles podem diminuir o poder da vergonha e se banhar na luz de suas verdadeiras essências.

Temperamento Supino: Priorizando o Autocuidado e o Empoderamento

Para aqueles com um temperamento supino, a libertação envolve compreender que o autocuidado é um componente essencial do empoderamento. Ao estabelecer limites, afirmar suas necessidades e reconhecer seu valor, eles desmantelam as correntes da vergonha, abrindo portas para uma vida definida pela autenticidade e força pessoal.

Conforme cada temperamento esculpe sua trajetória única em direção à libertação, uma verdade universal emerge: a jornada rumo à autenticidade tem o poder de transformar vidas em grande escala. Independentemente das estratégias distintas empregadas por cada temperamento, o tema central que perpassa todos os caminhos em direção à libertação é a busca inabalável pela autenticidade. O ato de abraçar as próprias forças e qualidades inerentes, independentemente do temperamento, é a chave mestra que destranca a porta para a libertação. A profunda realização de que as correntes da vergonha podem ser desfeitas pelo poder da autoaceitação coloca os indivíduos em uma viagem transformadora, conduzindo-os a uma vida que ressoa com genuinidade e plenitude.

Conclusão: A busca pela libertação e a adoção da autenticidade são empreendimentos que assumem formas individualizadas para cada temperamento. Através de estratégias personalizadas que honram as qualidades inerentes de cada tipo de personalidade, os indivíduos podem navegar pelo terreno da autoaceitação e do empoderamento. Independentemente do caminho escolhido, a culminação da jornada é uma vida livre do peso da vergonha, marcada pela autenticidade e enriquecida pelo florescimento do verdadeiro eu.

Reflexões da Jornada – Abraçando o Ser Interior

Tomando Controle da Sua Vida

Assumindo Suas Decisões

Na vida, as escolhas que fazemos abrem o caminho para nossa jornada, moldando nossas experiências e definindo nosso futuro. Abraçar o conceito de "Assumir Suas Decisões" significa assumir a responsabilidade pelas escolhas que fazemos e pelos resultados que elas trazem, sejam eles favoráveis ou desafiadores. Esse profundo senso de propriedade das decisões nos capacita a guiar nossos destinos com intenção, propósito e autenticidade.

Tomando Controle das Nossas Vidas

O Poder das Escolhas Intencionais: Assumir a propriedade das decisões nos concede a capacidade de sermos participantes ativos na moldagem do curso de nossas vidas. Ao reconhecermos que cada decisão contribui para o tecido de nossas experiências, tornamo-nos conscientes do impacto profundo de nossas escolhas. Essa consciência nos incentiva a tomar decisões intencionais que estejam alinhadas com nossos valores e aspirações, nos conduzindo mais perto de nossos objetivos.

Sob uma perspectiva clínica, entender o conceito de "Propriedade das Decisões: Tomando Controle das Nossas Vidas" e reconhecer "O Poder das Escolhas Intencionais" pode impactar significativamente nosso bem-estar e saúde mental. Propriedade das decisões refere-se ao reconhecimento e aceitação de que temos o poder e a responsabilidade de participar ativamente na moldagem de nossas vidas. Isso significa reconhecer que cada decisão que tomamos, independentemente de quão pequena ou significativa possa parecer, desempenha um papel na formação de nossas emoções e experiências. Ao estarmos conscientes desse fato, nos tornamos mais atentos às consequências de nossas escolhas e como elas impactam nossas vidas.

Quando tomamos posse da decisões, isso nos capacita a fazer escolhas intencionais. Decisões intencionais são aquelas tomadas com consciência e consideração de sua consonância com nossos valores, objetivos e aspirações. Em vez de deixar a vida acontecer passivamente, nós conduzimos ativamente nossas vidas na direção que desejamos.

A consciência do impacto profundo de nossas escolhas pode ser um motivador poderoso. Isso nos incentiva a dar um passo atrás e avaliar os resultados potenciais de diferentes opções antes de tomar uma decisão. Esse processo de consideração ponderada nos permite escolher opções que têm maior probabilidade de nos conduzir aos resultados desejados e ao crescimento pessoal.

Ao tomar decisões intencionais, podemos alinhar nossas ações com nossos valores e aspirações. Esse alinhamento pode resultar em um maior senso de realização e propósito na vida. Quando nossas decisões estão em harmonia com nossas crenças centrais e objetivos, é mais provável que experimentemos um sentido mais profundo de satisfação e contentamento.

Além disso, ser participantes ativos na moldagem de nossas vidas através da propriedade das decisões pode melhorar nosso bem-estar geral. Isso pode reduzir sentimentos de impotência ou vitimização, à medida que reconhecemos nossa capacidade de criar mudanças positivas. Esse senso de controle pode impactar positivamente nossa saúde mental e resiliência, nos permitindo enfrentar desafios com maior confiança.

Reforçando a Autoconfiança e a Acreditar em Si Mesmo

Quando assumimos a propriedade de nossas decisões, ganhamos um senso de controle sobre nossas vidas. Essa nova capacidade reforça nossa autoconfiança e acreditar em nossas habilidades. Compreendemos que temos o potencial de traçar um caminho que ressoa com nosso verdadeiro eu e nos ajuda a desbloquear nosso máximo potencial.

De uma perspectiva clínica, fortalecer a autoconfiança e acreditar por meio da propriedade das decisões é uma maneira poderosa de melhorar o bem-estar mental e o crescimento pessoal. Quando os indivíduos assumem a propriedade de suas decisões, experimentam um senso elevado de controle sobre suas vidas. Esse novo senso de controle promove a autoconfiança. As pessoas começam a acreditar em sua capacidade de tomar decisões sábias e navegar eficazmente pelos desafios da vida. Cada decisão bem-sucedida reforça a crença em suas habilidades, criando um ciclo de feedback positivo que fortalece ainda mais a autoconfiança.

Além disso, a propriedade das decisões permite que os indivíduos alinhem suas escolhas com seu eu autêntico.

Quando as decisões são tomadas deliberadamente e em consonância com valores pessoais e aspirações, as pessoas sentem um maior senso de congruência com sua verdadeira identidade. Esse alinhamento leva a um aumento da autoconsciência e autocompreensão, que são componentes vitais para construir a autoconfiança. À medida que a autoconfiança cresce, cresce também a crença no próprio potencial. As pessoas começam a reconhecer que têm o poder de estabelecer e alcançar metas significativas. Elas passam a se enxergar como indivíduos capazes e competentes, aptos a superar obstáculos e perseguir seus sonhos.

Reforçar a autoconfiança e acreditar através da propriedade das decisões também pode ajudar os indivíduos a desbloquear seu potencial máximo. Quando as pessoas acreditam em si mesmas, têm mais probabilidade de assumir riscos e abraçar novas oportunidades de crescimento. Elas se tornam mais resilientes diante de contratempos, pois têm confiança em sua capacidade de aprender com desafios e se recuperar com mais força.

Ao reforçar a autoconfiança e acreditar, é possível obter efeitos positivos significativos na saúde mental. Isso pode reduzir sentimentos de autodúvida, ansiedade e depressão, promovendo uma perspectiva mais positiva sobre a vida. Além disso, um forte senso de autoconfiança pode melhorar os relacionamentos interpessoais e a comunicação, levando a uma vida social mais satisfatória.

Abraçando Sucessos e Fracassos

Dentro do âmbito da propriedade das decisões, aprendemos a abraçar tanto os sucessos quanto os fracassos que surgem de nossas escolhas. Cada resultado se torna uma oportunidade de crescimento e autodescoberta. Ao refletir sobre nossas decisões, cultivamos a resiliência e a capacidade de nos adaptar a várias circunstâncias, nos tornando mais preparados para enfrentar desafios futuros.

De uma perspectiva clínica, abraçar tanto os sucessos quanto os fracassos dentro do contexto da propriedade das decisões é essencial para promover o bem-estar psicológico e o desenvolvimento pessoal. Compreender o valor de aprender com nossas decisões pode levar a uma maior resiliência e adaptabilidade, nos capacitando a enfrentar desafios futuros com mais eficácia.

Quando os indivíduos assumem a propriedade de suas decisões, reconhecem que cada resultado, seja positivo ou negativo, é uma oportunidade de aprendizado. Os sucessos proporcionam validação e um senso de realização, impulsionando a autoestima e a confiança. Eles reafirmam que as decisões tomadas estavam alinhadas com seus objetivos e valores, reforçando a crença em suas habilidades de tomada de decisão.

Por outro lado, os fracassos oferecem lições e insights valiosos. Em vez de ver os fracassos como contratempos ou reflexos de inadequação pessoal, indivíduos que abraçam a propriedade das decisões os enxergam como degraus para o crescimento. Ao refletir sobre os fatores que levaram a resultados desfavoráveis, eles ganham autoconsciência e identificam áreas para melhoria.

O processo de aprendizado a partir das decisões cultiva a resiliência. Quando os indivíduos enfrentam desafios ou experimentam fracassos, a capacidade de aprender com essas experiências os ajuda a se reerguer e perseverar. A resiliência capacita as pessoas a lidar com adversidades, manter o bem-estar emocional e seguir em frente apesar dos contratempos.

Além disso, abraçar sucessos e fracassos por meio da propriedade das decisões incentiva a adaptabilidade. A vida é dinâmica e muitas vezes imprevisível, e a capacidade de se adaptar a diferentes circunstâncias é uma habilidade valiosa. Ao aprender com decisões passadas, as pessoas se tornam mais preparadas para fazer ajustes e enfrentar desafios futuros com mais confiança e flexibilidade.

Essa abordagem para a tomada de decisões pode ter vários efeitos positivos na saúde mental. Pode reduzir sentimentos de autoacusação e culpa associados a fracassos, promovendo um diálogo interno mais compassivo e construtivo. Também estimula uma mentalidade de crescimento, onde os indivíduos veem os desafios como oportunidades de aprendizado e melhoria, em vez de obstáculos insuperáveis.

Além disso, o valor de aprender com as decisões vai além do crescimento individual. Pode impactar positivamente os relacionamentos e a dinâmica interpessoal. Quando as pessoas estão abertas a aprender com suas ações, elas são mais receptivas ao feedback dos outros e dispostas a colaborar na resolução de problemas.

Enfrentando Desafios com Coragem

A propriedade das decisões nos capacita a enfrentar desafios de frente. Já não evitamos escolhas difíceis, mas as encaramos com coragem e determinação. Esse processo não apenas nos auxilia a tomar decisões informadas, mas também aprimora nossas habilidades de resolução de problemas, contribuindo para nosso desenvolvimento pessoal.

Sob uma perspectiva clínica, abraçar a propriedade das decisões permite que os indivíduos enfrentem desafios com coragem e determinação. Ao assumir a responsabilidade por suas escolhas, as pessoas já não fogem de decisões difíceis, mas as encaram diretamente. Esse processo não apenas resulta em decisões mais informadas e intencionais, mas também melhora as habilidades de resolução de problemas, fomentando o desenvolvimento pessoal.

Quando as pessoas assumem a propriedade de suas decisões, desenvolvem um senso de agência e controle sobre suas vidas. Esse empoderamento recém-descoberto permite que enfrentem desafios com uma mentalidade proativa. Em vez de evitar ou ignorar escolhas difíceis, elas as enfrentam de frente, sabendo que têm a capacidade de moldar os resultados.

Enfrentar desafios com coragem envolve reconhecer os possíveis riscos e incertezas que acompanham a tomada de decisões difíceis. No entanto, os proprietários de decisões reconhecem que evitar esses desafios não leva ao crescimento nem à mudança positiva. Em vez disso, eles abraçam a oportunidade de aprender e evoluir através do enfrentamento de situações difíceis.

O processo de enfrentar desafios diretamente contribui para o desenvolvimento pessoal. Cada confronto se torna uma experiência de aprendizado, fornecendo insights valiosos sobre os pontos fortes e áreas para melhoria. Indivíduos ganham um entendimento mais profundo de si mesmos e de suas capacidades, o que pode levar a um aumento da autoconfiança e resiliência.

Além disso, essa abordagem aprimora as habilidades de resolução de problemas. Quando as pessoas se envolvem ativamente com os desafios, desenvolvem a capacidade de analisar situações, avaliar opções e considerar as possíveis consequências. Como resultado, tornam-se mais hábeis em tomar decisões bem fundamentadas, mesmo em circunstâncias complexas ou incertas.

Enfrentar desafios com coragem também envolve a gestão eficaz das emoções. Enquanto enfrentam dificuldades, os indivíduos podem experimentar medo, ansiedade ou dúvida. A propriedade das decisões encoraja as pessoas a reconhecer e gerenciar essas emoções de forma construtiva. Esse processo de regulação emocional é crucial para manter o bem-estar mental e reduzir o impacto negativo do estresse na saúde geral.

A prática de enfrentar desafios com coragem tem inúmeros benefícios. Isso pode levar a uma melhoria na autoestima e um senso de realização, à medida que os indivíduos testemunham sua capacidade de superar obstáculos. Esse senso de conquista pode ter um impacto positivo no humor e na motivação.

Além disso, a capacidade de enfrentar desafios com coragem pode aprimorar os mecanismos de enfrentamento e as habilidades de gerenciamento do estresse. Ao desenvolver resiliência por meio da propriedade das decisões, os indivíduos estão melhor preparados para lidar com adversidades e manter a estabilidade emocional durante momentos difíceis.

Viver Autenticamente com Propósito

Quando nossas decisões ressoam com nosso verdadeiro eu, criamos uma sensação de harmonia interior e forjamos uma conexão mais profunda com nosso propósito. Essa autenticidade atrai indivíduos com mentalidades semelhantes e aprimora nosso impacto geral no mundo.

De uma perspectiva clínica, viver autenticamente com propósito e alinhar escolhas com valores centrais são componentes vitais do bem-estar psicológico e da realização pessoal. Quando os indivíduos assumem a propriedade de suas decisões, tornam-se mais conscientes dos valores e crenças que orientam suas vidas. Eles reconhecem que suas escolhas refletem quem são no âmago. Ao alinhar decisões com seus valores centrais, eles criam uma sensação de congruência e autenticidade em suas ações e comportamentos.

Viver autenticamente envolve manter-se fiel à própria natureza e coexistir harmoniosamente com suas convicções e ambições fundamentais. Essa congruência nutre uma relação mais profunda com nossas identidades genuínas e nos capacita a conduzir vidas imbuídas de significado e orientadas pela intenção. Através da seleção de decisões que ressoam com nossa essência genuína, os indivíduos também cultivam um vínculo profundo com o propósito de suas vidas. Alcançamos clareza sobre nossos objetivos e o caminho que pretendemos seguir, conferindo-nos uma sensação de orientação e impulso.

Essa ligação com o propósito pode emergir como uma fonte substancial de resiliência durante períodos desafiadores, proporcionando aos indivíduos um entendimento significativo para navegar habilmente pelas adversidades.

Além disso, viver autenticamente e alinhar escolhas com valores centrais pode ter um impacto positivo na saúde mental. Isso reduz a dissonância cognitiva e os conflitos internos, já que os indivíduos experimentam uma maior harmonia entre suas crenças e ações. Essa sensação de congruência interna pode levar a uma redução do estresse e da ansiedade, promovendo um estado emocional mais equilibrado e estável.

Além do mais, viver autenticamente pode aprimorar o impacto global de um indivíduo. Quando as pessoas buscam autenticamente seu propósito e valores, têm mais probabilidade de se envolver em atividades que beneficiam suas comunidades e a sociedade como um todo. Suas ações se tornam mais genuínas e inspiradoras para os outros, potencialmente gerando mudanças positivas em uma escala mais ampla.

Escolhas Conscientes para Ações Significativas

Dentro do escopo da propriedade das decisões, exploramos a arte de tomar decisões informadas e ponderadas. Ao estarmos conscientes das consequências potenciais, nos tornamos mais atentos em nossas escolhas, resultando em ações mais intencionais e significativas.

De uma perspectiva clínica, o conceito de escolhas conscientes para ações significativas, dentro do contexto da propriedade das decisões, é uma abordagem valiosa que impacta positivamente o bem-estar mental e o crescimento pessoal. Escolhas conscientes envolvem estar totalmente presente e consciente ao tomar decisões. Significa focar intencionalmente no momento presente e considerar cuidadosamente as opções disponíveis. Ao praticar a atenção plena durante a tomada de decisões, os indivíduos podem evitar escolhas impulsivas ou reativas e, em vez disso, tomar decisões ponderadas e informadas.

Quando os indivíduos assumem a propriedade de suas decisões, reconhecem que suas escolhas têm consequências. Estar ciente dos resultados potenciais, tanto a curto prazo quanto a longo prazo, os incentiva a abordar a tomada de decisões com atenção plena. Essa consciência elevada permite que as pessoas ponderem os prós e contras de cada opção e avaliem como suas decisões se alinham com seus valores e objetivos de vida.

Tomar escolhas conscientes leva a ações mais intencionais. Os indivíduos consideram o propósito e a importância de suas decisões em relação ao seu crescimento pessoal e realização. Eles estão melhor preparados para priorizar ações que estejam alinhadas com seu eu autêntico e contribuam para o seu bem-estar geral.

Além disso, a prática de escolhas conscientes aprimora a autoconsciência. Ao dedicar tempo para refletir sobre suas decisões, as pessoas ganham insights sobre seus padrões de pensamento, respostas emocionais e motivações subjacentes. Essa autoconsciência pode ajudar a identificar padrões de comportamento ou preconceitos que podem influenciar a tomada de decisões. Munidos desse entendimento, os indivíduos podem fazer esforços conscientes para superar obstáculos potenciais e fazer escolhas alinhadas com suas verdadeiras intenções.

Incorporar escolhas conscientes para ações significativas pode ter vários benefícios terapêuticos. Praticar a atenção plena durante a tomada de decisões pode reduzir o estresse e a ansiedade, pois os indivíduos se sentem mais no controle e menos sobrecarregados pela incerteza. Isso pode levar a uma melhoria no bem-estar mental e a um maior senso de estabilidade emocional.

Além disso, a prática da tomada de decisões conscientes pode promover um senso de empoderamento. Quando os indivíduos se sentem no controle de suas escolhas e consideram o impacto potencial de suas ações, eles experimentam um maior senso de agência e controle sobre suas vidas. Isso pode ser particularmente benéfico para pessoas lidando com sentimentos de impotência ou baixa autoestima.

Desbloqueando Potencial Ilimitado para o Crescimento

Agindo com confiança

Ao assumirmos o controle de nossas vidas e nos tornarmos participantes ativos em nossa jornada, abraçamos o poder inerente da escolha. Cada decisão se torna uma oportunidade para aprendermos mais sobre nós mesmos, nossos valores e o que realmente importa para nós. Isso promove a autoconsciência e nos incentiva a alinhar nossas escolhas com nossas aspirações mais profundas.

De uma perspectiva clínica, abraçar a propriedade das decisões significa reconhecer que nossas escolhas têm um impacto profundo em nossas vidas. Cada decisão que tomamos se torna uma oportunidade de aprendizado e autodescoberta. Através das consequências de nossas escolhas, ganhamos insights valiosos sobre nossas forças, fraquezas e áreas para melhoria. Esse processo de autoconsciência lança as bases para o crescimento pessoal e promove uma compreensão mais profunda de nós mesmos.

Conforme nos envolvemos ativamente na tomada de decisões, nos sintonizamos mais com nossos valores e com o que realmente importa para nós. Ao alinhar nossas escolhas com nossas crenças fundamentais e aspirações, criamos um senso de coerência e propósito em nossas vidas. Esse alinhamento nos permite seguir caminhos que ressoam com nosso eu autêntico, levando a uma vida mais gratificante e significativa.

Além disso, a responsabilidade pelas decisões nos incentiva a abraçar a incerteza e a mudança. A vida é inerentemente imprevisível e, ao assumirmos a propriedade de nossas decisões, reconhecemos que o crescimento muitas vezes envolve sair da zona de conforto. Abraçar a mudança e estar aberto a novas possibilidades pode levar a experiências transformadoras e oportunidades de desenvolvimento pessoal.

Cada decisão que tomamos se torna um degrau em nossa jornada de crescimento. Mesmo diante de desafios ou contratempos, a responsabilidade pelas decisões nos capacita a aprender com nossas experiências e a adaptar nossa abordagem. Ao encarar as falhas como lições valiosas em vez de obstáculos, cultivamos a resiliência e uma atitude positiva em relação ao crescimento. Isso pode levar a um aumento da autoestima e a um sentimento de empoderamento, à medida que reconhecemos nossa capacidade de moldar nossas vidas. Esse empoderamento pode ter um impacto positivo na saúde mental, reduzindo sentimentos de impotência ou ansiedade.

Além disso, a responsabilidade pelas decisões pode aprimorar as habilidades de tomada de decisão e resolução de problemas. À medida que as pessoas se envolvem ativamente no processo de tomada de decisão, tornam-se mais hábeis em analisar situações e tomar escolhas bem fundamentadas. Isso, por sua vez, aprimora sua capacidade de lidar eficazmente com os desafios da vida.

Encontrando Força ao Abraçar Suas Imperfeições.

"Abraçando a Imperfeição com Graça" é uma frase que significa aceitar e acolher as falhas, erros e deficiências em nós mesmos e nos outros, ao mesmo tempo mantendo um senso de elegância e dignidade. Isso sugere que, em vez de buscar a perfeição, devemos reconhecer nossa humanidade, aprender com nossos erros e enfrentar os desafios da vida com serenidade e compreensão.

Do ponto de vista clínico, abraçar a imperfeição com graça é um aspecto crucial da responsabilidade pelas decisões que promove o bem-estar mental e o crescimento pessoal. A responsabilidade pelas decisões não se trata de buscar a perfeição, mas sim de reconhecer que nenhuma decisão é impecável e que os tropeços são uma parte inevitável da experiência humana.

Quando indivíduos abraçam a imperfeição com graça, eles adotam uma atitude compassiva e compreensiva em relação a si mesmos e às suas decisões. Eles reconhecem que cometer erros é uma parte natural e inevitável da vida. Essa aceitação da imperfeição pode reduzir a autocrítica e o autojulgamento, levando a uma autoestima melhorada e à resiliência emocional.

A prática de abraçar a imperfeição com graça fomenta uma mentalidade de crescimento. Indivíduos com uma mentalidade de crescimento veem desafios e contratempos como oportunidades de desenvolvimento e melhoria, em vez de limitações fixas. Essa mentalidade pode levar a uma maior perseverança e motivação na busca de seus objetivos, mesmo diante da adversidade.

Ao abraçar a imperfeição com graça, podem surgir benefícios terapêuticos significativos. Isso pode reduzir sentimentos de ansiedade e autodúvida, à medida que os indivíduos reconhecem que as imperfeições são uma parte normal da condição humana. Isso pode levar a um bem-estar mental melhorado e a uma perspectiva mais positiva da vida.

Além disso, quando os indivíduos estendem a graça a si mesmos, têm mais probabilidade de oferecer compaixão e compreensão aos outros também. Essa empatia e atitude não julgadora contribuem para relacionamentos mais saudáveis e de apoio.

Adicionalmente, a prática de abraçar a imperfeição com graça pode melhorar as habilidades de tomada de decisão. Quando os indivíduos abordam a responsabilidade pelas decisões com uma mente aberta e disposição para aprender com suas experiências, eles se tornam mais bem preparados para tomar escolhas informadas e ponderadas. Essa melhoria contínua no julgamento pode levar a uma tomada de decisão mais eficaz ao longo do tempo.

Ensinamentos Bíblicos

A perspectiva divina sobre esse assunto envolve uma compreensão profunda da experiência humana. De um ponto de vista espiritual, quando os indivíduos abraçam a imperfeição com graça, isso se alinha com a ideia de que os seres humanos são inerentemente imperfeitos. Essa aceitação compassiva da imperfeição está enraizada na crença de que o Criador divino, caso alguém acredite nele, deliberadamente criou os seres humanos com forças e limitações.

Essa perspectiva reconhece que cometer erros é um aspecto intrínseco da jornada humana. A partir de uma lente espiritual, o ato de abraçar a imperfeição está alinhado com o conceito de humildade, reconhecendo que ninguém está livre de erros. Essa humildade é vista como uma virtude que permite que os indivíduos evitem autocrítica e autocrítica excessivas.

A atitude compassiva e compreensiva em relação a si mesmo e às próprias decisões está em harmonia com a noção de que os seres humanos possuem livre arbítrio e, com ele, a capacidade de fazer escolhas que nem sempre resultam nos resultados desejados. A perspectiva divina pode incentivar os indivíduos a verem essas escolhas como oportunidades de crescimento, aprendizado e desenvolvimento, em vez de fontes de vergonha ou culpa.

Essa visão da imperfeição pode levar a uma autoestima melhorada e resiliência emocional, uma vez que incentiva os indivíduos a se verem como valiosos apesar de suas falhas. A perspectiva divina frequentemente enfatiza o valor inerente de cada indivíduo, independente de seus sucessos ou fracassos. Ao abraçar a imperfeição, acredita-se que os indivíduos se alinham ao amor e aceitação incondicionais do divino.

Essencialmente, a perspectiva divina sobre abraçar a imperfeição com graça ressoa com a ideia de que os seres humanos estão em uma jornada espiritual de autodescoberta e crescimento. Essa jornada é marcada por altos e baixos, sucessos e erros, e através de tudo isso, os indivíduos são encorajados a se abordarem a si mesmos e suas decisões com bondade, compreensão e o reconhecimento de seu valor inerente.

A Bíblia enfatiza temas de graça, compaixão, perdão e a compreensão da imperfeição humana. Aqui estão algumas passagens relevantes:

- Romanos 3:23-24 (NVI): "pois todos pecaram e estão destituídos da glória de Deus, sendo justificados gratuitamente por sua graça, por meio da redenção que está em Cristo Jesus."
- Salmo 103:8-10 (NVI): "O Senhor é compassivo e misericordioso, mui paciente e cheio de amor. Não acusa sem cessar nem fica ressentido para sempre; não nos trata conforme os nossos pecados nem nos retribui conforme as nossas iniquidades."
- Mateus 11:28-30 (NVI): "Venham a mim, todos os que estão cansados e sobrecarregados, e eu darei descanso a vocês. Tomem sobre vocês o meu jugo e aprendam de mim, pois sou manso e humilde de coração, e vocês encontrarão descanso para as suas almas. Pois o meu jugo é suave e o meu fardo é leve."
- 1 João 1:8-9 (NVI): "Se afirmarmos que estamos sem pecado, enganamos a nós mesmos, e a verdade não está em nós. Se confessarmos os nossos pecados, ele é fiel e justo para nos perdoar os pecados e nos purificar de toda injustiça."
- Provérbios 24:16 (NVI): "O justo pode cair sete vezes, mas a cada vez se levanta; os ímpios são derrubados pela calamidade."

Essas passagens e ensinamentos enfatizam coletivamente os conceitos de reconhecimento da imperfeição, busca pelo perdão e abraço da graça e compaixão de Deus.

Agir com Autoconfiança

Tomar medidas proativas com um forte senso de autoconfiança nos impulsiona ao longo da jornada de autodescoberta e realização pessoal. Abraçando tanto as vitórias quanto os contratempos, reconhecemos que aprender com nossos erros é um aspecto vital da responsabilidade pelas nossas escolhas. Essa abordagem inclusiva oferece insights valiosos que iluminam o caminho para tomar decisões mais sábias à medida que avançamos.

Sob uma perspectiva clínica, agir com determinação e confiança em si mesmo é uma combinação poderosa que promove a autodescoberta e a realização pessoal. Quando os indivíduos confiam em suas habilidades e têm confiança em si mesmos, é mais provável que tomem decisões audaciosas e significativas que levem ao crescimento e à realização.

Tomar uma ação decisiva envolve fazer escolhas prontamente e com determinação. A responsabilidade pelas decisões capacita os indivíduos a avançar com coragem e convicção, mesmo diante da incerteza. Ao tomar uma ação decisiva, os indivíduos aproveitam as oportunidades e moldam ativamente suas vidas, em vez de esperar passivamente que as circunstâncias se desdobrem.

Aliada à autoconfiança, a capacidade de agir com decisão se torna ainda mais poderosa. Quando os indivíduos confiam em si mesmos e em seu julgamento, estão mais propensos a agir com base em sua intuição e sabedoria interna. Essa autoconfiança permite superar a indecisão e a dúvida, levando a um maior senso de agência e empoderamento.

Aprender com os erros é uma parte integral da responsabilidade pelas decisões. Abraçar tanto os resultados bem-sucedidos quanto os malsucedidos com curiosidade e abertura leva a insights valiosos. Quando os indivíduos reconhecem seus erros, ganham autoconsciência e um entendimento mais profundo de seus padrões de tomada de decisão. Essa consciência se torna um recurso valioso para fazer escolhas melhores no futuro.

Ao aprender com os resultados bem-sucedidos e malsucedidos, os indivíduos cultivam a resiliência. Eles desenvolvem a capacidade de se recuperar de contratempos, munidos do conhecimento e da experiência adquiridos com decisões passadas. Essa resiliência os capacita a enfrentar desafios futuros com maior confiança e adaptabilidade.

"Abraçando Abordagens Adaptáveis aos Desafios"

Em última análise, assumir a responsabilidade pelas decisões nos capacita a adotar abordagens adaptáveis ao enfrentar os desafios da vida. Evoluímos para navegadores confiantes e flexíveis na jornada em constante mudança da tomada de decisão empoderada. Com cada escolha, refinamos nossa capacidade de manobrar pelas reviravoltas da vida, orientando-nos para uma existência mais gratificante e cheia de propósito.

Do ponto de vista clínico, assumir a responsabilidade pelas decisões capacita os indivíduos a acolher estratégias adaptáveis diante dos obstáculos da vida. Abraçar a adaptabilidade significa permanecer receptivo a modificar nossas táticas e pontos de vista em resposta a novas situações.

Quando os indivíduos assumem a responsabilidade por suas decisões, cultivam um senso de confiança em sua capacidade de se ajustar e descobrir soluções, mesmo em circunstâncias incertas ou exigentes. Essa segurança nos capacita a enfrentar desafios com uma mentalidade otimista, nutrindo a resiliência e mitigando sensações de impotência ou desconforto.

O processo de abraçar abordagens adaptáveis enriquece nossa aptidão para resolver problemas. A responsabilidade pelas decisões encoraja os indivíduos a ver os desafios como oportunidades de avanço e aprendizado. Ao abraçar perspectivas diversas e contemplar várias alternativas, aumentamos nossa capacidade de criar soluções inovadoras e eficazes para situações complexas.

Além disso, a tomada de decisão flexível nutre o crescimento pessoal. Cada instância em que modificamos nossas decisões com base em informações novas ou encontros nos proporciona insights sobre nossos mecanismos de tomada de decisão e áreas potenciais de aprimoramento. Essa prática reflexiva culmina em crescimento contínuo e autoconsciência.

Abraçar abordagens adaptáveis aos desafios pode gerar vantagens significativas para o bem-estar mental. Isso pode aliviar o estresse e ampliar a sensação de domínio sobre a própria vida. A flexibilidade também pode cultivar uma atitude mais positiva em relação à mudança, simplificando a adaptação a transições e incertezas na vida.

Além disso, abraçar a flexibilidade pode ampliar as conexões interpessoais. Quando os indivíduos se mantêm abertos a diferentes pontos de vista e estão dispostos a adaptar suas táticas, eles se tornam comunicadores e colaboradores mais habilidosos. Essa abertura pode levar a relacionamentos mais saudáveis e de apoio com os outros. Essa metodologia fomenta o amadurecimento pessoal, aumenta a proficiência na resolução de problemas e diminui o estresse.

Ao assumir a responsabilidade por nossas decisões, nos capacitamos para:

Assumindo a responsabilidade por nossas decisões, nos capacitamos a moldar nosso destino e participar ativamente na criação da vida que desejamos. Isso também nos permite aprender com nossos erros, adaptar-nos a circunstâncias em mudança e crescer como indivíduos.

- Moldar Nosso Destino: Assumir nossas decisões nos dá o poder de determinar a direção de nossas vidas. Nos tornamos participantes ativos na criação do futuro que desejamos.
- Exercer Agência Pessoal: A responsabilidade pelas decisões reafirma nosso senso de controle e autonomia. Reconhecemos que temos a capacidade de fazer escolhas que se alinham com nossos valores e aspirações.
- Construir Confiança: Ser responsável por nossas decisões promove autoconfiança e crença em nossas habilidades. A confiança cresce à medida que tomamos ação decisiva e confiamos em nós mesmos.
- Aprender e Crescer: Abraçar a responsabilidade pelas decisões nos permite aprender tanto com sucessos quanto com fracassos. Cada experiência se torna uma lição valiosa para o crescimento pessoal.

- Navegar Desafios: Assumir a responsabilidade por nossas decisões nos capacita a enfrentar desafios de frente. Nos tornamos resilientes ao lidar com obstáculos e encontrar soluções.
- Viver Autenticamente: A responsabilidade pelas decisões nos incentiva a fazer escolhas que se alinham com nosso verdadeiro eu. Isso nos permite viver autenticamente e em harmonia com nossos valores.
- Construir Confiança e Respeito: Os outros confiam e nos respeitam quando demonstramos propriedade de nossas decisões. Isso melhora nossos relacionamentos e credibilidade como líderes.
- Tomar Escolhas Informadas: Como donos de decisões, consideramos cuidadosamente as consequências de nossas ações. Tomamos escolhas mais informadas e ponderadas.
- Abrir-se para Flexibilidade: A responsabilidade pelas decisões nos permite adaptar e ajustar nosso curso quando necessário. Mantemos flexibilidade diante das circunstâncias em mudança.
- Desenvolver Resiliência: Enfrentar os resultados de nossas decisões, positivos e negativos, fortalece nossa resiliência e habilidades de enfrentamento.
- Inspirar os Outros: Quando assumimos a responsabilidade por nossas decisões, inspiramos os outros a fazerem o mesmo. Nosso exemplo incentiva a responsabilidade e a tomada de decisões conscientes naqueles ao nosso redor.
- Experimentar Realização Pessoal: Assumir nossas decisões leva a um senso de realização pessoal. Sentimos uma conexão maior com o caminho de nossa vida e o impacto que criamos.

Conclusão

Ao abraçarmos o conceito de "Assumir Suas Decisões", desbloqueamos o poder de moldar nossos destinos com intenção, propósito e autenticidade. A responsabilidade pelas decisões nos permite ser participantes ativos em nossa jornada, aprender com nossas escolhas e liderar vidas que são fiéis aos nossos valores essenciais. Ela nos capacita a enfrentar desafios com coragem, abraçar a imperfeição com graça e descobrir o potencial transformador dentro de cada decisão.

No âmbito da tomada de decisões, exploramos a intrincada interação entre análise racional e insights intuitivos. Acessamos tanto nossa mente lógica quanto nossos instintos, buscando um equilíbrio harmonioso entre razão e intuição. Essa abordagem equilibrada nos permite fazer escolhas bem fundamentadas que não apenas fazem sentido logicamente, mas também ressoam com nossos valores e aspirações mais íntimos.

A responsabilidade pelas decisões não se trata de buscar a perfeição, mas sim de abraçar as imperfeições que vêm com a condição humana. Aprendemos a aceitar que nem toda decisão resultará no resultado desejado, e isso está tudo bem. Erros e equívocos se tornam pedras de apoio para o crescimento e o aprendizado, e pavimentam o caminho para escolhas ainda mais sábias no futuro.

Reflexões da Jornada – Abraçando o Ser Interior

Esforçando-se Pelo Melhor em Todos os Aspectos

Superando os Desafios da Vida

É possível buscar a excelência em todos os aspectos da vida e superar os desafios que surgem em nosso caminho? Absolutamente, você pode buscar a excelência em todos os aspectos da vida e conquistar os desafios que surgem em seu caminho. Tudo começa ao adotar uma mentalidade de crescimento e um compromisso com a melhoria contínua. Ao estabelecer metas claras e alcançáveis, abraçar a mudança e desenvolver inteligência emocional, você pode superar obstáculos e alcançar o sucesso tanto em sua vida pessoal quanto profissional.

Fomentando o Crescimento Pessoal através do Autocuidado, Aprendizado Contínuo e Contribuição à Comunidade pode aprimorar ainda mais sua jornada rumo à excelência. Lembre-se de que a busca pela excelência é uma jornada ao longo da vida e, com determinação e perseverança, você pode fazer progressos notáveis em todas as áreas de sua vida. Portanto, siga em frente e abrace o desafio de buscar o melhor em cada aspecto de sua vida; isso levará a uma existência mais gratificante e recompensadora.

"Buscar o Melhor em Todos os Aspectos" significa fazer esforços contínuos para alcançar a excelência e um desempenho excepcional em todos os aspectos da vida. Isso envolve estabelecer altos padrões e trabalhar diligentemente para melhorar e se destacar em várias áreas, sejam elas pessoais, profissionais, emocionais ou sociais. O foco está no crescimento constante e no progresso, visando ser a melhor versão de si mesmo em todas as esferas da vida. Essa mentalidade de melhoria contínua e dedicação à excelência impulsiona os indivíduos a alcançar seu potencial máximo e levar uma vida satisfatória e bem-sucedida.

A busca pela excelência começa com uma compreensão profunda do que significa e envolve a excelência. Vai além de ser apenas uma palavra da moda e se torna um aspecto fundamental do caráter e das ações de alguém. Em sua essência, a excelência é o compromisso inabalável de superar expectativas, ultrapassar limites e buscar os mais altos níveis de desempenho.

A excelência não é um evento isolado, mas uma jornada contínua. Envolve esforço consistente e dedicação ao aprimoramento de suas habilidades e capacidades. Em vez de se contentar com a mediocridade, você adota uma mentalidade de crescimento contínuo, sempre buscando oportunidades para aprender e se desenvolver. Em sua vida pessoal, buscar a excelência significa estabelecer metas significativas e trabalhar para se tornar a melhor versão de si mesmo. Trata-se de cuidar do seu bem-estar, cultivar hábitos positivos e desenvolver a inteligência emocional. Abraçar a mudança, ser adaptável e desenvolver resiliência são também aspectos vitais de buscar a excelência diante dos desafios da vida.

Profissionalmente, a excelência exige um compromisso em dominar sua área de atuação. Envolve manter-se atualizado com as tendências da indústria, buscar ativamente conhecimento e aprimorar sua expertise. Uma gestão eficaz do tempo, comunicação e colaboração com colegas contribuem ainda mais para alcançar a excelência em sua carreira. Buscar a excelência requer autodisciplina e determinação. Significa ir além, mesmo quando confrontado com obstáculos ou contratempos. Trata-se de responsabilizar-se por suas ações e buscar feedback para melhorar continuamente.

Abraçando uma Mentalidade de Crescimento

Abraçar uma mentalidade de crescimento é um passo crucial no caminho da excelência. Isso envolve adotar a crença de que nossas habilidades e inteligência podem ser desenvolvidas por meio de dedicação e trabalho árduo. Com uma mentalidade de crescimento, compreendemos que nosso potencial não é fixo e que podemos continuar aprendendo, adaptando-nos e melhorando ao longo de nossas vidas. Um dos aspectos fundamentais de uma mentalidade de crescimento é a disposição para ver desafios como oportunidades de crescimento, em vez de obstáculos a serem evitados. Em vez de nos desencorajarmos diante das dificuldades, as enxergamos como chances de desenvolver novas habilidades e conhecimentos. Essa mentalidade nos capacita a encarar os desafios com curiosidade e uma atitude positiva, sabendo que podemos superá-los por meio de esforço e perseverança.

Uma mentalidade de crescimento também nos incentiva a abraçar o próprio processo de aprendizado. Compreendemos que cometer erros e enfrentar contratempos são partes naturais da jornada rumo à excelência. Em vez de ficarmos desanimados com os fracassos, os vemos como experiências valiosas de aprendizado que podem nos guiar para a melhoria. Ao cultivar uma mentalidade de crescimento, tornamo-nos mais resilientes e persistentes em nossos empreendimentos. Compreendemos que alcançar a excelência requer esforço contínuo e uma disposição para continuar, mesmo diante de obstáculos. Em vez de desistirmos quando as coisas ficam difíceis, permanecemos dedicados e determinados a alcançar nossos objetivos.

Além disso, uma mentalidade de crescimento promove o amor pelo aprendizado e a paixão pela autoaperfeiçoamento. Buscamos oportunidades para desenvolvimento pessoal e profissional, procurando ansiosamente por novos conhecimentos e habilidades. Ao dedicar tempo ao aprendizado, ajudamos a manter a adaptabilidade e a abertura para novas possibilidades, que são qualidades essenciais para alcançar a excelência em um mundo em constante mudança.

Estabelecendo Metas Específicas: Definir metas específicas é um aspecto fundamental na busca pela excelência. Essas metas são projetadas para serem claras, bem definidas e acionáveis, fornecendo um roteiro para o sucesso em qualquer empreendimento. Vamos explorar os principais componentes das metas específicas e entender por que são cruciais em nossa busca pela excelência.

- Metas específicas: Metas que são específicas e definem claramente o que precisa ser alcançado. Em vez de estabelecer objetivos vagos, nós delimitamos precisamente o que queremos conquistar. Por exemplo, em vez de dizer "Quero melhorar meu desempenho no trabalho", uma meta específica seria

"Quero aumentar minhas vendas em 20% no próximo trimestre".
- Mensurável: O progresso e o sucesso são mensuráveis com metas realistas. Estabelecemos critérios tangíveis para avaliar nosso desempenho. No exemplo acima, o aumento nas vendas em 20% serve como um indicador mensurável de nossa conquista.
- Alcançável: Definir metas realistas e alcançáveis é essencial para evitar sentimentos de frustração ou desânimo. Embora almejar alto seja louvável, estabelecer metas inatingíveis pode levar ao esgotamento. Garantir que nossos objetivos sejam realizáveis nos mantém motivados e focados em um progresso constante.
- Relevante: Metas específicas são relevantes para nossas aspirações gerais e se alinham com nossos valores e objetivos de longo prazo. Avaliamos se a meta é significativa e contribui para nosso crescimento pessoal ou profissional. Um objetivo que se alinha com nosso plano de avanço na carreira seria relevante para o crescimento profissional.
- Tempo Definido: Para criar um senso de urgência e manter o foco, metas realistas têm prazos específicos para conclusão. Um prazo acrescenta um senso de responsabilidade e nos incentiva a manter o rumo. Por exemplo, estabelecer um prazo de três meses para alcançar o aumento nas vendas nos mantém comprometidos com nosso objetivo.

Ao aplicarmos metas específicas, aprimoramos nossa capacidade de alcançar a excelência. A especificidade garante que tenhamos uma direção clara, enquanto a mensurabilidade nos permite acompanhar nosso progresso de forma objetiva. Definir metas alcançáveis mantém nossa motivação, e a relevância nos mantém alinhados com nossa visão mais ampla. Por fim, objetivos com prazo definido nos mantêm disciplinados e evitam a procrastinação.

Lembre-se, estabelecer metas específicas não se trata apenas de alcançar o destino, mas também de aproveitar a jornada de crescimento e aprimoramento. À medida que alcançamos esses marcos, ganhamos confiança e determinação, nos capacitando a buscar a excelência em todos os aspectos da vida. Portanto,

Vamos abraçar o poder das metas de realização e embarcar em um caminho de sucesso contínuo e desenvolvimento pessoal.

Conquistando os Desafios da Vida e Superando Obstáculos

A vida está repleta de obstáculos, mas como respondemos a eles faz toda a diferença. Em vez de nos esquivarmos dos desafios, devemos abraçá-los. Enfrentar os obstáculos de frente, com uma atitude positiva e uma disposição para aprender, nos ajudará a crescer mais fortes e resilientes.

- Conquistar os desafios da vida e superar obstáculos é uma jornada transformadora que requer coragem, resiliência e uma mentalidade proativa. Aqui estão algumas estratégias essenciais para ajudá-lo a navegar pelos obstáculos da vida e emergir mais forte e sábio:
- Abraçar os Desafios: Em vez de temer os desafios, receba-os como oportunidades de crescimento e

aprendizado. Reconheça que enfrentar desafios é uma parte natural da vida e uma via para o desenvolvimento pessoal. Abraçar os desafios com uma mente aberta estabelece a base para conquistá-los de forma eficaz.

- Manter uma Atitude Positiva: Manter uma atitude positiva é uma ferramenta poderosa para superar obstáculos. Cultive o otimismo e foque em encontrar soluções em vez de se concentrar nos problemas. Uma mentalidade positiva permite abordar desafios com confiança e determinação.
- Enfrentar os Desafios Diretamente: Evite a procrastinação ou a evasão quando confrontado com dificuldades. Aborde os desafios de forma direta e rápida. A procrastinação pode agravar o estresse e prejudicar o progresso, enquanto enfrentar os desafios de frente capacita você a assumir o controle da situação.
- Aprender com os Contratempos: Cada obstáculo é uma oportunidade de aprender e crescer. Analise os contratempos de forma objetiva, identifique lições e aplique esses insights em empreendimentos futuros. Ver os contratempos como degraus para o sucesso permite extrair sabedoria valiosa de cada experiência.
- Buscar Apoio e Orientação: Não tenha medo de buscar apoio da família, amigos ou mentores. Às vezes, discutir desafios com outros pode oferecer perspectivas novas e conselhos valiosos. Relacionamentos de apoio podem fortalecer sua confiança e resiliência.

- Desenvolver Habilidades de Resolução de Problemas: Aprimore suas habilidades de resolução de problemas dividindo os desafios em tarefas gerenciáveis. Considere soluções potenciais e avalie seus prós e contras. Desenvolver habilidades eficazes de resolução de problemas capacita você a abordar obstáculos com um senso de controle.
- Praticar a Autocompaixão: Seja gentil consigo mesmo durante os momentos difíceis. Evite a autocrítica ou o diálogo interno negativo. Abraçar a autocompaixão e reconhecer que todos enfrentam desafios. Trate-se com a mesma gentileza e compreensão que você ofereceria a um amigo necessitado.
- Manter-se Flexível e Adaptável: Os desafios da vida podem exigir ajustes e adaptações em seus planos. Mantenha-se flexível e de mente aberta em sua abordagem. Ser adaptável permite que você navegue por circunstâncias imprevistas com facilidade.
- Celebrar o Progresso: Celebre até mesmo as menores vitórias ao longo do caminho. Reconheça suas conquistas e reconheça o esforço que você fez para superar obstáculos. Celebrar o progresso reforça sua determinação em continuar avançando.
- Manter a Resiliência: A resiliência é a capacidade de se recuperar da adversidade. Cultive a resiliência construindo um sistema de apoio sólido, desenvolvendo mecanismos de enfrentamento e mantendo um senso de esperança e otimismo.

Lembre-se, conquistar os desafios da vida não se trata de evitar dificuldades, mas sim de crescer por meio delas. Cada obstáculo que você supera contribui para o seu desenvolvimento pessoal e emocional. Abraçe os desafios com uma mentalidade positiva, enfrente-os com determinação e permita que eles se tornem degraus em sua jornada rumo a uma vida mais plena e bem-sucedida.

Ensinamentos Bíblicos

Na Bíblia, existem vários trechos que enfatizam a importância de enfrentar e superar os desafios da vida como oportunidades de crescimento e desenvolvimento. Esses versículos encorajam os crentes a abraçar as dificuldades com fé, perseverança e uma mentalidade positiva. Aqui estão alguns princípios bíblicos que se alinham à ideia de crescer por meio dos desafios:

- Tiago 1:2-4 (Nova Versão Internacional): "Meus irmãos, considerem motivo de grande alegria o fato de passarem por diversas provações, pois vocês sabem que a prova da sua fé produz perseverança. E a perseverança deve ter ação completa, a fim de que vocês sejam maduros e íntegros, sem que falte a vocês coisa alguma." Este trecho do livro de Tiago encoraja os crentes a encontrarem alegria ao enfrentar provações, porque elas servem como um processo de refino para a sua fé. A perseverança diante dos desafios leva à maturidade e completude.

- Romanos 5:3-4 (Nova Versão Internacional): "Não só isso, mas também nos gloriamos nas tribulações, porque sabemos que a tribulação produz perseverança; a perseverança, um caráter aprovado; e o caráter aprovado, esperança." Neste versículo, o apóstolo Paulo ensina que o sofrimento e os desafios levam ao desenvolvimento de perseverança, que por sua vez constrói caráter e esperança. Isso destaca a natureza transformadora de enfrentar dificuldades com fé.

- 1 Pedro 5:10 (Nova Versão Internacional): "O Deus de toda a graça, que os chamou para a sua glória eterna em Cristo, depois de terem sofrido durante pouco de tempo, os restaurará, os confirmará, os fortalecerá e os porá sobre firmes alicerces." Este versículo lembra os crentes de que, mesmo em tempos de sofrimento e desafios, Deus está com eles, oferecendo restauração e força. Isso enfatiza a ideia de que os desafios podem levar a força interior e firmeza.

- Filipenses 4:13 (Nova Versão Internacional): "Posso todas as coisas naquele que me fortalece." Este verso bem conhecido de Filipenses enfatiza a crença de que os crentes podem enfrentar e conquistar desafios com a força que vem de sua fé em Deus.

- 2 Coríntios 4:17-18 (Nova Versão Internacional): "Pois os nossos sofrimentos leves e momentâneos estão produzindo para nós uma glória eterna que pesa mais do que todos eles. Assim, fixamos os olhos, não naquilo que se vê, mas no que não se vê, pois o que se vê é transitório, mas o que não se vê é eterno." Este trecho lembra os crentes a manterem uma perspectiva eterna ao enfrentar desafios. As dificuldades nesta vida são temporárias, mas contribuem para um propósito maior e eterno.

Em resumo, a Bíblia encoraja os crentes a enfrentar os desafios da vida com fé, perseverança e uma mentalidade positiva. Através de provações e dificuldades, as pessoas têm a oportunidade de crescer, desenvolver caráter e encontrar esperança na força de Deus. Abraçar os desafios como oportunidades para o desenvolvimento pessoal e emocional pode levar a uma vida mais gratificante e bem-sucedida, com a certeza de que Deus está com eles a cada passo da jornada.

Revelando a Autoaceitação

No coração desta jornada encontra-se a autoaceitação. Isso envolve reconhecer e abraçar a totalidade do nosso ser – tanto a luz quanto a sombra, nossas forças e nossas imperfeições. Significa compreender que cada emoção que sentimos é válida, independentemente das normas sociais ou julgamentos pessoais. A autoaceitação nos liberta do fardo da autocrítica, nos guiando por um caminho compassivo em relação a nós mesmos.

A jornada da revelação emocional não é um processo linear. Ela envolve momentos de desconforto e vulnerabilidade ao confrontarmos emoções reprimidas e reavaliarmos experiências passadas. No entanto, essas instâncias servem como o crisol para um crescimento autêntico. Ao iluminar os aspectos de nós mesmos que antes estavam ocultos, estabelecemos espaço para a cura e transformação. Nossas emoções evoluem para mensageiras, nos conduzindo a uma compreensão mais profunda de nosso cenário interno.

Cultivar a autoaceitação exige paciência e atenção plena. Não se trata de alcançar uma felicidade constante, mas sim de navegar pelas correntes emocionais com elegância e resiliência. Através da autoaceitação, erguemos uma base sólida que nos capacita a enfrentar os desafios da vida com vigor e confiança renovados

Além disso, um passo fundamental em direção à libertação envolve nutrir a autoaceitação. Isso implica reconhecer as imperfeições, erros passados e falhas, enquanto compreendemos que eles são facetas integrais da existência humana. Ao reenquadrar esses elementos como oportunidades de crescimento, em vez de fontes de vergonha, as pessoas abrem caminho para uma percepção mais saudável de si mesmas e uma postura mais positiva diante da vida.

A jornada rumo à liberdade através da autoaceitação começa com o ato corajoso de reconhecer as próprias imperfeições. Em um mundo que frequentemente idealiza um padrão inatingível de perfeição, a capacidade de confrontar honestamente as próprias limitações é uma expressão de resiliência profunda. Ao fazer isso, embarcamos em uma jornada que nos capacita a livrar-nos do fardo sufocante das expectativas irreais e, em vez disso, abraçar a beleza de nossa humanidade. O reconhecimento das imperfeições serve como a pedra fundamental da autoconsciência – uma habilidade vital que nos capacita a nos compreendermos de maneira mais profunda e autêntica.

Sob uma perspectiva clínica, o processo de revelar a autoaceitação possui um valor terapêutico significativo. Isso envolve reconhecer e integrar os aspectos multifacetados da própria identidade, incluindo tanto as forças quanto as vulnerabilidades. Essa jornada reconhece a importância de abraçar o espectro completo das emoções, livres de julgamento ou restrições sociais.

Do ponto de vista terapêutico, a exploração da autoaceitação requer uma abordagem não linear. Envolve navegar por momentos de desconforto e vulnerabilidade, frequentemente ligados a traumas passados ou emoções reprimidas. Esse processo, embora desafiador, pode funcionar como um catalisador transformador, promovendo um crescimento pessoal genuíno e resiliência. À medida que os indivíduos lançam luz sobre aspectos antes ocultos de si mesmos, criam um espaço para a cura e o desenvolvimento pessoal, facilitado pela aliança terapêutica.

Praticar a autoaceitação dentro do contexto clínico enfatiza o cultivo da paciência e da atenção plena. O objetivo não é apenas alcançar uma felicidade constante, mas sim desenvolver a capacidade de lidar com emoções complexas com autocompaixão. Terapeutas orientam os clientes a reconhecer e desafiar padrões de pensamento autocrítico, substituindo-os por formas mais adaptativas de se relacionar consigo mesmos.

Além disso, fomentar a autoaceitação na terapia envolve reformular erros passados e falhas percebidas como oportunidades de crescimento e autocompreensão. Ao integrar a autocompaixão ao processo terapêutico, os clientes podem transformar vergonha e autocrítica em fontes de percepção e capacitação. Essa mudança contribui para melhorar a autoestima e o bem-estar mental geral.

A jornada clínica em direção à autoaceitação muitas vezes começa ao reconhecer vulnerabilidades, com o apoio de um terapeuta. Em um ambiente terapêutico, os clientes podem confrontar e processar as pressões sociais e pessoais que dificultam a autoaceitação. A relação terapêutica se torna um espaço seguro para exploração, permitindo que os clientes desmontem expectativas irreais e cultivem uma visão realista e compassiva de si mesmos.

Superando Barreiras Sociais

No mundo atual, o constante bombardeio de imagens idealizadas e padrões sociais pode infligir feridas profundas em nosso bem-estar emocional. Com frequência, lutamos com um sentimento persistente de não alcançar, alimentando a crença de que não conseguimos atender a algum padrão fabricado imposto por outros. Essas pressões externas infiltram-se em nossas mentes, fomentando emoções como vergonha, insegurança e auto-dúvida.

Uma revelação significativa emerge: nosso valor não é determinado unicamente por pontos de vista externos. Essa percepção se torna uma força libertadora. Ao reunirmos os fragmentos de nossa autoestima, construímos um escudo poderoso contra o impacto das expectativas sociais. Essa perspectiva renovada fortalece nossa determinação em fazer escolhas que ressoam com nosso eu autêntico, ignorando quaisquer julgamentos que possam surgir.

"Como Superar Barreiras Sociais"

- Cultive a Autoconsciência: Comece por reconhecer a influência das expectativas sociais em seus pensamentos e emoções. Desenvolva uma compreensão de como esses padrões externos afetam sua autoestima e tomada de decisões.
- Desafie Padrões Irrealistas: Analise os ideais propagados pela sociedade e questione sua autenticidade. Reconheça que esses padrões frequentemente idealizam e podem não retratar com precisão as complexidades e diversidade de indivíduos reais.

- Defina Seus Valores: Dedique tempo para identificar seus próprios valores, aspirações e metas. Essa autoconsciência forma uma base sólida para tomar decisões que estejam alinhadas com seu verdadeiro eu, em vez de se conformar às pressões externas.
- Pratique a Autocompaixão: Trate-se com bondade e empatia. Quando você não atingir as normas percebidas da sociedade, lembre-se de que todos são humanos e enfrentam desafios. Substitua a autocrítica pela autocompaixão.
- Limite a Exposição a Conteúdo Prejudicial: Conscientemente, escolha o conteúdo que consome de fontes de mídia. Deixe de seguir ou silencie contas que consistentemente promovem ideais irreais ou despertam sentimentos de inadequação.
- Cercar-se de Pessoas de Apoio: Cultive relacionamentos com indivíduos que valorizam você por quem você realmente é, em vez da versão que a sociedade espera. Rodear-se de influências positivas pode contrapor os efeitos prejudiciais das pressões sociais.
- Foque em Qualidades Internas: Desvie seu foco da aparência externa ou conquistas para suas qualidades e forças internas. Abrace sua singularidade e reconheça que o verdadeiro valor vai além dos padrões sociais.
- Abraçar a Vulnerabilidade: A vulnerabilidade muitas vezes é mal compreendida como fraqueza, mas na realidade, é uma exibição notável de força. Abraçar a vulnerabilidade significa permitir-se ser visto autenticamente, com todas as imperfeições. Esse nível de abertura fomenta conexões genuínas com os

outros, criando uma rede de apoio que incentiva o crescimento e a libertação.
- Eduque os Outros: Compartilhe sua jornada de superação de barreiras sociais com amigos e familiares. Ao aumentar a conscientização e discutir esses desafios abertamente, você contribui para um ambiente mais solidário e compreensivo para todos.

Lembre-se de que o caminho para superar barreiras sociais é pessoal e pode exigir esforço contínuo. Ao priorizar a autoaceitação, a autoconsciência e a autenticidade, você pode gradualmente se libertar das limitações impostas pelas expectativas externas e levar uma vida mais realizada sob seus próprios termos.

Cultivando Resiliência Emocional

De uma perspectiva clínica, cultivar a resiliência emocional é um aspecto crucial do bem-estar psicológico e das estratégias de enfrentamento. A resiliência emocional se refere à capacidade de um indivíduo se adaptar e se recuperar de estressores, adversidades e desafios emocionais. Envolve o desenvolvimento de habilidades e atitudes que permitem às pessoas gerenciar eficazmente suas emoções, manter o equilíbrio mental e enfrentar dificuldades com um senso de domínio.

- Do ponto de vista terapêutico, o cultivo da resiliência emocional envolve vários componentes-chave:
- Regulação Emocional: Os clientes são orientados a compreender suas emoções e a aprender maneiras saudáveis de gerenciá-las e expressá-las. Isso inclui identificar gatilhos, praticar técnicas de mindfulness e aumentar a consciência emocional.

- Restruuturação Cognitiva: Os terapeutas auxiliam os indivíduos a desafiar padrões de pensamento negativos e reformular suas percepções sobre os estressores. Esse processo ajuda os clientes a desenvolver uma perspectiva mais equilibrada e adaptativa, reduzindo o impacto emocional de situações desafiadoras.
- Gerenciamento do Estresse: Técnicas para lidar com o estresse, como exercícios de relaxamento, respiração profunda e habilidades de gerenciamento do tempo, são ensinadas aos clientes. Essas ferramentas capacitam as pessoas a reduzir o impacto fisiológico e emocional do estresse.
- Habilidades de Resolução de Problemas: Os clientes aprendem estratégias eficazes de resolução de problemas para abordar desafios de maneira construtiva. Isso ajuda a evitar sentimentos de impotência e promove uma abordagem proativa para as dificuldades.
- Construção de Suporte Social: Os terapeutas incentivam os clientes a cultivar relacionamentos significativos e estabelecer uma rede de apoio confiável. Conexões sociais sólidas fornecem reforço emocional durante momentos difíceis.
- Reconstrução Narrativa: Os clientes recebem apoio para criar uma narrativa coerente e positiva de suas experiências. Isso ajuda a reformular adversidades passadas de maneira que promova o crescimento e o empoderamento.
- Exposição e Dessensibilização: Em casos de trauma ou ansiedade, podem ser utilizadas técnicas de exposição controlada e dessensibilização para reduzir

gradualmente a reatividade emocional e aumentar a resiliência.
- Intervenções de Psicologia Positiva: Os terapeutas incorporam intervenções de psicologia positiva que se concentram em pontos fortes, gratidão e emoções positivas. Essas intervenções melhoram o bem-estar psicológico geral e fortalecem a resiliência.
- Psicoeducação: Os clientes recebem informações sobre o conceito de resiliência emocional, incluindo seus benefícios e como desenvolvê-la e mantê-la ao longo do tempo.

Cultivar a resiliência emocional é um processo contínuo que requer prática e comprometimento. Os terapeutas trabalham em colaboração com os clientes para adaptar as intervenções com base em suas necessidades, circunstâncias e objetivos únicos. Por meio de uma combinação de técnicas terapêuticas e o desenvolvimento de estratégias adaptativas de enfrentamento, as pessoas podem aprimorar sua resiliência emocional e enfrentar os desafios da vida com maior confiança e equanimidade.

A Importância de Abraçar Nossos Erros

Abraçar nossos erros é um passo fundamental para o crescimento pessoal e a aprendizagem contínua. Quando reconhecemos e aceitamos nossas falhas, permitimos que elas se transformem em oportunidades de melhoria e autoconhecimento. Essa atitude nos ajuda a desenvolver resiliência, pois aprendemos a enfrentar desafios com mais empatia e compaixão, tanto por nós mesmos quanto pelos outros. Além disso, reconhecer nossos erros promove a honestidade e a transparência, facilitando relações mais autênticas e fortalecendo nossa confiança interna. Em resumo, ao abraçarmos nossos erros, abrimos espaço para a evolução pessoal e para a construção de um futuro mais equilibrado e consciente

Nutrindo uma Autoestima Robusta por meio da Autocompaixão: Um dos pilares da autocompaixão é a disposição de abraçar nossos erros e deficiências com um coração aberto. Em vez de nos punirmos por nossos erros, cultivamos uma atitude de curiosidade e compreensão. Cada tropeço se torna uma oportunidade de aprendizado, de aprimorar nossa compreensão e de crescimento pessoal. Essa abordagem cria naturalmente um ambiente de autoamor e autoaceitação, proporcionando um terreno fértil para o desenvolvimento de uma autoestima elevada.

A autocompaixão não é um luxo, mas uma necessidade. Ela nos permite cultivar um profundo senso de conexão conosco mesmos, independentemente de nossas falhas e imperfeições. Ao estendermos graça a nós mesmos, estabelecemos a base para uma autoestima resiliente que não é facilmente abalada por julgamentos externos ou dúvidas internas.

Abraçando a Essência do Eu

Compreender a importância de abraçar a própria essência é fundamental para o crescimento pessoal e o bem-estar. Isso envolve reconhecer e valorizar os aspectos centrais que definem um indivíduo – seus valores, paixões, forças e qualidades únicas.

Sob essa perspectiva, abraçar a essência do eu funciona como uma bússola para navegar na vida de forma autêntica. Isso encoraja as pessoas a alinharem suas escolhas e ações com sua verdadeira identidade, fomentando um senso de congruência e realização. Ao reconhecerem e aceitarem a si mesmas, as pessoas estão mais bem preparadas para tomar decisões que ressoam com seus valores internos, conduzindo a uma vida mais orientada por propósito e significado.

Além disso, abraçar a essência do eu desempenha um papel fundamental em relacionamentos e interações. Quando os indivíduos estão conectados com seu eu autêntico, eles podem estabelecer conexões mais genuínas com os outros. Essa autenticidade cria uma base de confiança e compreensão mútua, melhorando a qualidade dos relacionamentos.

Em termos de bem-estar mental e emocional, abraçar a essência do eu contribui para um senso mais forte de autoestima e autocompaixão. Isso permite às pessoas abraçar tanto suas forças quanto áreas de crescimento sem julgamento. Essa autoaceitação promove resiliência diante de desafios e promove uma imagem positiva de si mesmas.

De maneira geral, reconhecer a importância de abraçar a essência do eu capacita as pessoas a viver com intenção, autenticidade e um profundo senso de autoconsciência. É uma jornada que envolve uma descoberta contínua de si mesmo e um compromisso em nutrir o verdadeiro eu em todos os aspectos da vida.

O Poder do Reforço Positivo: Na busca pela libertação, é crucial cercar-se de influências positivas. Participar de comunidades de apoio, buscar terapia ou praticar a gratidão podem reforçar sentimentos de autoestima e diminuir o domínio da vergonha na psique.

Abraçando a Mudança

Prosperando Através da Adaptação e Transformação

Abraçar a Mudança: De uma perspectiva clínica, adaptar-se para prosperar por meio da adaptação e transformação envolve integrar a resiliência psicológica, a reestruturação cognitiva, o manejo do estresse, habilidades de resolução de problemas, autocompaixão, relacionamentos de apoio, intervenções de psicologia positiva, estratégias de enfrentamento e psicoeducação. Ao combinar esses princípios clínicos, os indivíduos podem navegar pela mudança de forma mais eficaz e promover seu bem-estar psicológico ao longo do processo. Abraçar a mudança significa estar aberto a novas ideias, tecnologias e formas de fazer as coisas. Significa ser flexível e estar disposto a sair da zona de conforto em prol do progresso. Abraçar a mudança é um processo transformador que capacita os indivíduos a prosperar em ambientes dinâmicos.

- Embora a Bíblia não mencione diretamente termos e perspectivas clínicas, seus ensinamentos contêm sabedoria que pode ser aplicada aos princípios de adaptação à mudança, resiliência e promoção do bem-estar, tanto psicologicamente quanto espiritualmente.
- Filipenses 4:13 (NVI): "Posso todas as coisas naquele que me fortalece." Este versículo enfatiza o conceito de força interior e resiliência por meio da fé, o que pode ser relacionado à resiliência psicológica diante da mudança.
- Provérbios 3:5-6 (NVI): "Confie no Senhor de todo o seu coração e não se apoie em seu próprio

entendimento; reconheça o Senhor em todos os seus caminhos, e ele endireitará as suas veredas." Este trecho incentiva a confiança e a abertura à orientação de Deus, o que pode estar relacionado a estar aberto a novas ideias e formas de agir.
- Romanos 12:2 (NVI): "Não se amoldem ao padrão deste mundo, mas transformem-se pela renovação da sua mente, para que sejam capazes de experimentar e comprovar a boa, agradável e perfeita vontade de Deus." Este versículo sugere uma transformação da mente e se alinha à ideia de reestruturação cognitiva e abraçar a mudança para uma transformação positiva.
- Mateus 6:34 (NVI): "Portanto, não se preocupem com o amanhã, pois o amanhã se preocupará consigo mesmo. Basta a cada dia o seu próprio mal." Este trecho fala sobre a importância de gerenciar o estresse e a ansiedade, o que está relacionado ao manejo do estresse e estratégias de enfrentamento.
- Provérbios 15:22 (NVI): "Os planos fracassam por falta de conselho, mas são bem-sucedidos quando há muitos conselheiros." Este provérbio destaca o valor de buscar apoio e orientação de outras pessoas, o que está em sintonia com a importância de relacionamentos de apoio.
- Salmo 119:105 (NVI): "Lâmpada para os meus pés é a tua palavra, e luz para o meu caminho." Este versículo fala sobre buscar orientação e iluminação, o que pode estar relacionado à psicoeducação e intervenções de psicologia positiva.
- 1 Coríntios 10:13 (NVI): "Não veio sobre vocês tentação que não fosse comum aos humanos. E Deus é fiel; ele não permitirá que vocês sejam tentados além do que

podem suportar. Mas, quando forem tentados, ele mesmo providenciará um escape, para que o possam suportar." Este versículo enfatiza a ideia de encontrar maneiras de lidar com desafios, o que se relaciona a estratégias de enfrentamento.

Abraçando a Mudança

Aqui estão maneiras práticas de abraçar a mudança e torná-la uma força positiva em sua vida:

- Cultive uma Mentalidade de Crescimento: Abrace a crença de que a mudança é uma oportunidade para aprendizado e desenvolvimento. Encare os desafios como degraus em direção ao crescimento pessoal e melhoria.
- Mantenha-se Curioso e de Mente Aberta: Tenha curiosidade por novas ideias, tecnologias e abordagens. Encare a mudança com mente aberta, pronto para explorar e entender diferentes perspectivas.
- Mantenha-se Informado: Mantenha-se atualizado sobre tendências do setor, avanços em tecnologia e práticas inovadoras. O conhecimento capacita você a se adaptar de forma eficaz à mudança.
- Abraçar a Aprendizagem Contínua: Busque oportunidades para aprender novas habilidades e expandir sua base de conhecimento. A aprendizagem ao longo da vida promove adaptabilidade e agilidade diante da mudança.
- Estabeleça Objetivos Claros: Defina seus objetivos à luz das mudanças que está abraçando. Ter clareza sobre seu propósito e direção irá motivar e orientar você.

- Dê Pequenos Passos: Introduza mudanças gradualmente, especialmente ao lidar com transições significativas. Dar pequenos passos constrói confiança e facilita o processo de transição.

Adaptabilidade e Progresso

Comunique-se de Forma Eficiente: Compartilhe seus pensamentos e ideias com os outros e incentive a comunicação aberta sobre as mudanças. Pratique a escuta ativa e aborde as preocupações de maneira construtiva.

- Construa Resiliência: Reconheça que a mudança pode trazer desafios e contratempos. Desenvolva resiliência para se recuperar da adversidade e perseverar diante das dificuldades.
- Seja Adaptável: Abrace a flexibilidade e esteja disposto a ajustar seus planos conforme as circunstâncias evoluem. A adaptabilidade permite que você responda de forma eficaz a mudanças inesperadas.
- Celebre o Progresso: Reconheça e celebre o progresso que você faz ao abraçar a mudança. Comemorar conquistas reforça atitudes positivas em relação à mudança.
- Foque nas Oportunidades: Em vez de se concentrar em perdas potenciais ou incertezas, foque nas oportunidades que a mudança traz. Abrace a mudança como uma chance de crescimento e inovação.
- Pratique a Auto-Reflexão: Faça reflexões regulares sobre sua jornada através da mudança. Avalie suas ações e emoções, identifique áreas de melhoria e celebre o crescimento pessoal.

- Mantenha uma Atitude Positiva: Mantenha uma perspectiva positiva sobre as possibilidades que a mudança oferece. A positividade capacita você a navegar pela mudança com otimismo e entusiasmo.
- Lidere pelo Exemplo: Se você ocupa uma posição de liderança, modele uma atitude positiva em relação à mudança. Inspire e motive os outros a abraçar a mudança com confiança e entusiasmo.

Percepção das Emoções

Abraçar a mudança é uma habilidade poderosa que se desenvolve através da Inteligência Emocional: A inteligência emocional é a capacidade de compreender e gerenciar suas emoções, bem como de se colocar no lugar dos outros. Ela desempenha um papel fundamental em superar os desafios da vida, auxiliando na resolução de conflitos, na construção de relacionamentos sólidos e na tomada de decisões acertadas sob pressão. Do ponto de vista cognitivo, desenvolver a inteligência emocional envolve os processos cognitivos de percepção, compreensão e regulação das emoções em si mesmo e nos outros. Veja como esses aspectos cognitivos contribuem para aprimorar a inteligência emocional:

- Percepção das Emoções: Desenvolver a inteligência emocional começa pela percepção precisa das emoções, tanto em si mesmo quanto nos outros. Isso envolve estar ciente de sinais emocionais, como expressões faciais, tom de voz e linguagem corporal. Ao aprimorar a capacidade de reconhecer emoções, as pessoas podem compreender melhor seus próprios

sentimentos e se solidarizar com as emoções daqueles ao seu redor.
- Compreensão das Emoções: Uma vez que as emoções são percebidas, o aspecto cognitivo da compreensão entra em jogo. Isso envolve interpretar o significado por trás das emoções e identificar as razões e gatilhos que evocam respostas emocionais específicas. Compreender as emoções permite que as pessoas obtenham insights sobre seus padrões emocionais e as ajuda a dar sentido às emoções expressas por outras pessoas.
- Regulação Emocional: Os processos cognitivos influenciam significativamente a regulação emocional, que se refere à capacidade de gerenciar e controlar as emoções de maneira apropriada. Ao reconhecerem e compreenderem as emoções, as pessoas podem desenvolver estratégias para regular suas respostas emocionais de forma eficaz. Isso pode envolver reformular pensamentos negativos, praticar técnicas de relaxamento ou resolver problemas para lidar construtivamente com desafios emocionais.
- Perspectiva Empática: A empatia, um aspecto fundamental da inteligência emocional, envolve entender e compartilhar as emoções dos outros. A empatia cognitiva é a capacidade de adotar a perspectiva de outra pessoa e imaginar como ela pode se sentir em uma determinada situação. Através da adoção da perspectiva cognitiva, as pessoas podem aprimorar suas respostas empáticas e demonstrar preocupação genuína e apoio às emoções dos outros.
- Auto-Reflexão e Autoconsciência: A auto-reflexão cognitiva é essencial para desenvolver a inteligência

emocional. Tirar um tempo para a introspecção e autoconsciência permite que as pessoas examinem suas próprias experiências emocionais, crenças e preconceitos. Esse processo cognitivo promove uma compreensão mais profunda de si mesmas e de como as emoções influenciam os pensamentos e comportamentos.

- Habilidades Sociais Cognitivas: A inteligência emocional também envolve diversas habilidades sociais cognitivas, como escuta ativa, comunicação eficaz e resolução de conflitos. Essas habilidades são essenciais para construir relacionamentos sólidos e resolver conflitos de maneira que respeite as emoções e perspectivas dos outros.
- Tomada de Decisão e Solução de Problemas: Em situações de alta pressão, os processos cognitivos influenciam a tomada de decisão. A inteligência emocional capacita as pessoas a permanecerem calmas e a pensar de maneira racional, mesmo quando as emoções estão intensas. Ao integrar a consciência emocional com o raciocínio lógico, as pessoas podem tomar decisões acertadas que considerem tanto suas próprias emoções quanto as dos outros.

Além disso, a percepção cognitiva do desenvolvimento da inteligência emocional gira em torno dos processos cognitivos de perceber, compreender e regular emoções. Ao aprimorar essas habilidades cognitivas, as pessoas podem melhorar sua capacidade de gerenciar emoções de forma eficaz, se colocar no lugar dos outros e navegar nas interações sociais com consciência e inteligência emocional. Como resultado, elas podem superar os desafios da vida construindo relacionamentos sólidos, resolvendo conflitos de maneira construtiva e tomando decisões bem fundamentadas sob pressão.

Superando Obstáculos

Alcançando o Sucesso em Sua Carreira: Para se destacar em sua carreira, torne-se um mestre em sua área. Busque continuamente oportunidades para aprimorar suas habilidades e conhecimentos. Participe de workshops, conferências e envolva-se em cursos online para se manter atualizado com as tendências do setor e as melhores práticas. Superando Obstáculos para Alcançar o Sucesso em Sua Carreira - Dominando Sua Área de Atuação.

- Restrições de Tempo: Equilibrar trabalho, vida pessoal e aprendizado pode ser desafiador. Priorize seu desenvolvimento profissional reservando tempo dedicado a cada semana para aprimorar suas habilidades. Divida seus objetivos de aprendizado em tarefas menores e gerenciáveis.
- Limitações Financeiras: Workshops, conferências e cursos podem ter custos associados. Procure recursos online e webinars gratuitos ou acessíveis. Muitas empresas oferecem orçamentos de treinamento ou programas de reembolso, portanto, verifique se seu empregador pode apoiar seus esforços de aprendizado.
- Falta de Motivação: Manter-se motivado ao longo de sua jornada profissional pode ser difícil. Encontre um mentor ou participe de um grupo de estudos para se manter inspirado. Defina metas claras de carreira e lembre-se regularmente por que dominar sua área de atuação é essencial para seu sucesso a longo prazo.

- Sobrecarga de Informações: A abundância de informações pode ser avassaladora. Concentre-se em áreas específicas que se alinhem com seus objetivos de carreira e crie um plano de aprendizado estruturado. Dê um passo de cada vez e evite tentar aprender tudo de uma vez.
- Síndrome do Impostor: Sentir-se como um impostor, duvidar de suas habilidades ou temer que você não seja bom o suficiente pode dificultar o progresso. Lembre-se de que todos começam de algum lugar e a melhoria contínua é uma jornada. Aceite erros como oportunidades de crescimento.
- Equilíbrio entre Trabalho e Vida Pessoal: Encontrar tempo para aprender enquanto gerencia o trabalho e compromissos pessoais pode ser difícil. Comunique-se com seu empregador sobre seus objetivos de desenvolvimento profissional. Busque flexibilidade em seu horário de trabalho para acomodar atividades de aprendizado.
- Acesso Limitado a Recursos: Dependendo de sua localização, o acesso a workshops ou cursos especializados pode ser limitado. Explore plataformas online que oferecem cursos diversos, webinars e recursos acessíveis de qualquer lugar do mundo.
- Mudanças na Indústria: Algumas indústrias passam por mudanças rápidas, o que dificulta estar atualizado. Junte-se a associações profissionais e siga publicações respeitáveis da indústria para se manter informado sobre os últimos desenvolvimentos.
- Resistência no Ambiente de Trabalho: Seu empregador ou colegas podem não reconhecer o valor da aprendizagem contínua. Defenda a importância de se

- manter atualizado com as tendências do setor e mostre como isso pode beneficiar a empresa a longo prazo.
- Medo do Fracasso: O medo do fracasso pode impedi-lo de assumir projetos desafiadores. Adote uma mentalidade de crescimento, onde os fracassos são vistos como oportunidades de aprendizado que, no final das contas, contribuem para sua maestria.

Ao identificar e abordar esses obstáculos de maneira proativa, você pode superá-los e dar passos significativos para dominar sua área de atuação e alcançar o sucesso em sua carreira. Lembre-se de que dedicação, perseverança e disposição para se adaptar são fundamentais para o seu crescimento e desenvolvimento contínuos.

Priorize o Seu Tempo

Gestão Eficiente do Tempo: O tempo é um recurso precioso e gerenciá-lo de forma eficaz é crucial. Priorize tarefas com base em sua importância e urgência. Utilize técnicas de gerenciamento de tempo, como a técnica Pomodoro ou o bloqueio de tempo, para melhorar a produtividade e o foco. Aqui estão algumas estratégias-chave para gerenciar efetivamente o seu tempo:

- Estabeleça Metas Claras: Defina metas de curto e longo prazo para dar direção e propósito às suas tarefas. Saber o que você deseja alcançar ajuda a priorizar seus esforços de forma eficaz.Prioritize Tasks: Determine the importance and urgency of each task. Use methods like the Eisenhower Matrix, categorizing tasks into four quadrants: urgent and important, important but not urgent, urgent but not

important, and neither urgent nor important. Focus on tasks in the first two quadrants.
- Utilize uma Lista de Tarefas: Crie uma lista de tarefas diárias ou semanais, delineando as atividades que você precisa realizar. Dividir projetos maiores em tarefas menores e gerenciáveis os torna menos avassaladores.
- Técnica Pomodoro: A técnica Pomodoro envolve trabalhar em períodos concentrados de, normalmente, 25 minutos, seguidos por uma pausa curta. Após quatro Pomodoros consecutivos, faça uma pausa mais longa. Essa técnica melhora a produtividade e ajuda a manter a concentração.
- Bloqueio de Tempo: Aloque blocos específicos de tempo para diferentes tarefas ou tipos de trabalho. Ao dedicar períodos concentrados a atividades específicas, você pode evitar distrações e manter um fluxo de trabalho consistente.
- Evite a Multitarefa: Embora possa parecer eficiente, a multitarefa pode levar a uma redução na produtividade e a trabalhos de qualidade inferior. Em vez disso, concentre-se em uma tarefa de cada vez para obter melhores resultados.
- Limite Distrações: Identifique distrações comuns em seu ambiente de trabalho e tome medidas para minimizá-las. Isso pode envolver silenciar notificações, criar um espaço de trabalho designado ou definir horários específicos para verificar e-mails ou redes sociais.
- Delegue quando Possível: Se tiver a oportunidade, delegue tarefas que outras pessoas possam lidar com

eficiência. Isso permite que você se concentre em tarefas que exigem sua expertise específica.
- Revise e Reflita: Avalie regularmente suas estratégias de gerenciamento de tempo e ajuste-as, se necessário. Aprenda com experiências passadas para melhorar sua eficiência continuamente.
- Faça Pausas e Descanse: Reconheça a importância das pausas e do tempo de inatividade. Descansar e recarregar as energias é crucial para manter a produtividade e evitar o esgotamento.
- Use Ferramentas de Produtividade: Explore aplicativos e ferramentas de produtividade que possam ajudá-lo a rastrear o tempo, definir lembretes e gerenciar tarefas de maneira mais eficiente.
- Lembre-se, uma gestão eficaz do tempo requer consistência e disciplina. Ao incorporar essas técnicas em sua rotina diária, você pode aproveitar ao máximo o seu tempo, alcançar seus objetivos e alcançar um equilíbrio saudável entre trabalho e vida pessoal.

PARTE 6 – CRESCIMENTO CONTÍNUO E VIDA COM PROPÓSITO

Saber Dizer "Não" é Crucial Por Várias Razões

Aprender a dizer não: Esteja consciente dos seus limites e evite se comprometer demais. Recuse educadamente tarefas ou projetos que não estejam alinhados com as suas prioridades ou carga de trabalho.

- Preservar Tempo e Energia: Ao dizer não a tarefas ou projetos que não estejam alinhados com as suas prioridades ou carga de trabalho, evita se dispersar demais. Isso preserva o seu tempo e energia para tarefas que realmente importam e permite que você se concentre no que é mais importante.
- Manter o Equilíbrio entre Trabalho e Vida Pessoal: Se comprometer em excesso pode levar a uma falta de equilíbrio entre a sua vida profissional e pessoal. Dizer não quando necessário ajuda a reservar tempo para relaxamento, hobbies e momentos de qualidade com a família e amigos.
- Evitar o Esgotamento: Assumir muitas responsabilidades pode levar ao esgotamento e à diminuição da produtividade. Aprender a dizer não permite que você gerencie a sua carga de trabalho de forma eficaz, reduzindo o estresse e prevenindo a exaustão.
- Garantir Trabalho de Qualidade: O excesso de compromissos pode comprometer a qualidade do seu trabalho. Dizer não permite que você se concentre em tarefas que pode lidar de maneira eficiente, garantindo que entregue resultados de alta qualidade.

- Respeitar os Seus Limites: Dizer não demonstra autorrespeito e autoconsciência. Isso estabelece limites claros, impedindo que os outros aproveitem o seu tempo e capacidades.
- Manter o Foco nas Prioridades: Quando você diz não a tarefas que não estão alinhadas com os seus objetivos e prioridades, você libera tempo para se concentrar no que realmente importa. Isso melhora a sua capacidade de alcançar os seus objetivos e progredir na sua carreira.
- Construir uma Reputação Positiva: Recusar educadamente tarefas ou projetos que você não pode lidar no momento é mais favorável do que assumir demais e lutar para entregar. Isso mostra profissionalismo e honestidade, construindo uma reputação positiva de confiabilidade e integridade.
- Incentivando os Outros a Assumir Responsabilidades: Quando você diz NÃO a certas responsabilidades, isso proporciona uma oportunidade para que outros assumam essas tarefas. Isso promove a colaboração e o desenvolvimento dentro da equipe ou organização.
- Evitando Ressentimento: Assumir tarefas contra a vontade pode levar ao ressentimento e impactar negativamente os seus relacionamentos com colegas ou superiores. Dizer NÃO quando necessário pode evitar o surgimento dessas emoções negativas.
- Criando Espaço para Oportunidades: Ao não se comprometer demais, você cria espaço para novas oportunidades que estejam mais alinhadas com os seus objetivos e aspirações de carreira. Isso permite que você seja mais estratégico nas projetos que escolhe assumir.

Aprender a dizer NÃO de forma eficaz e respeitosa é uma habilidade valiosa que capacita você a priorizar o seu bem-estar, manter o foco em tarefas importantes e construir relacionamentos profissionais mais sólidos. Não se trata de rejeitar todos os desafios, mas sim de reconhecer as suas limitações e fazer escolhas que beneficiem tanto você quanto o seu trabalho.

Comunicação e Colaboração

Comunicação e Colaboração: Habilidades sólidas de comunicação e colaboração são fundamentais em qualquer profissão. Pratique a escuta ativa, seja articulado nas suas ideias e esteja aberto a feedback. A colaboração promove a criatividade e a inovação, levando a soluções inovadoras e resultados bem-sucedidos. Comunicação eficaz e colaboração são, de fato, habilidades essenciais que contribuem para o sucesso tanto profissional quanto pessoalmente. Aqui estão algumas razões pelas quais elas são cruciais:

- Escuta Ativa: Preste atenção quando os outros estiverem falando. Dê a eles toda a sua atenção e evite interromper. Esclareça quaisquer pontos que você não entenda e demonstre interesse genuíno no que eles têm a dizer.
- Expressar Ideias de Forma Clara: Expresse seus pensamentos e ideias de forma clara e concisa. Use linguagem de fácil compreensão e evite jargões ou termos técnicos ao se comunicar com não especialistas.
- Abertura para Feedback: Aceite o feedback como uma ferramenta valiosa para melhorias. Ouça críticas

construtivas com a mente aberta e use-as como uma oportunidade para crescer e aprimorar suas habilidades.
- Comunicação Respeitosa: Trate seus colegas, superiores e subordinados com respeito. Use um tom positivo e cortês tanto na comunicação escrita quanto verbal.
- Escolha o Canal de Comunicação Adequado: Selecione o canal de comunicação mais apropriado para o contexto. Algumas situações podem exigir reuniões presenciais, enquanto outras podem ser tratadas de forma eficaz por e-mail, aplicativos de mensagens ou videochamadas.
- Alcançar Objetivos: A comunicação eficaz garante que todos os envolvidos entendam claramente os objetivos. Colaborar como uma equipe permite que os indivíduos combinem suas habilidades e esforços, aumentando a probabilidade de alcançar o sucesso.
- Construção de Relações Sólidas: Boa comunicação promove confiança e entendimento mútuo entre os membros da equipe. A colaboração fortalece relacionamentos, criando um ambiente de trabalho ou pessoal positivo e de apoio.
- Resolução de Conflitos: Quando surgem conflitos, a comunicação aberta e a colaboração permitem que as partes abordem os problemas de maneira construtiva. Ao trabalhar juntos, as pessoas podem encontrar soluções que satisfaçam todos os envolvidos.
- Aumento da Produtividade: Quando as equipes se comunicam de forma eficaz e colaboram de maneira eficiente, o trabalho é otimizado e a produtividade é

aprimorada. Todos estão na mesma página, contribuindo para fluxos de trabalho mais suaves e execução de projetos.
- Crescimento Pessoal: Habilidades de comunicação eficaz beneficiam relacionamentos pessoais, promovendo empatia, escuta ativa e compreensão. Colaborar com outras pessoas também permite que os indivíduos aprendam uns com os outros e cresçam tanto pessoal quanto profissionalmente.
- Adaptabilidade e Resiliência: Em um mundo em constante mudança, ser capaz de comunicar e colaborar eficazmente permite que indivíduos e equipes se adaptem a novos desafios e se recuperem de contratempos de maneira mais resiliente.
- Liderança: Comunicação e colaboração sólidas são essenciais para uma liderança eficaz. Líderes que se comunicam bem podem inspirar e motivar suas equipes, enquanto líderes colaborativos promovem uma cultura de trabalho em equipe e inclusão.
- Ambiente de Trabalho Positivo: Quando a comunicação é clara e a colaboração é incentivada, cria-se um ambiente de trabalho positivo onde os indivíduos se sentem valorizados e apoiados, levando a um aumento na satisfação no trabalho.

A comunicação eficaz e a colaboração são vitais para o sucesso tanto em aspectos profissionais quanto pessoais da vida. Desenvolver essas habilidades beneficia indivíduos, equipes e organizações, promovendo o crescimento, a produtividade e o bem-estar geral.

Conclusão

O sucesso não é um destino fixo que alcançamos e no qual paramos; pelo contrário, é uma jornada contínua de crescimento e conquistas. Exige nossa flexibilidade diante das mudanças, a criação de uma rede de apoio e a priorização do desenvolvimento pessoal. Ao longo dessa jornada, os desafios não devem ser evitados, mas sim abraçados como degraus que nos impulsionam em direção às nossas aspirações.

Abraçar a mudança é uma necessidade vital, dada a constante evolução do mundo. Ao permanecer receptivo a ideias, métodos e oportunidades inovadoras, nos posicionamos para prosperar em ambientes dinâmicos e aproveitar perspectivas emergentes.

A construção de uma rede de apoio possui um poder considerável. Ao nos cercarmos de pessoas semelhantes que nos elevam e inspiram, obtemos orientação, motivação e oportunidades inestimáveis para colaboração. Juntos, esforços coletivos resultam em conquistas maiores do que empreendimentos solitários.

Dar prioridade ao crescimento pessoal estabelece o alicerce da melhoria contínua. Reservar tempo para aprender, cultivar novas habilidades e ampliar nossa compreensão do mundo nos equipa para superar desafios e fazer contribuições significativas tanto para nossas próprias vidas quanto para as vidas dos outros.

Ao longo de nossa jornada, encontrar obstáculos e contratempos é inevitável. No entanto, é crucial compreender que esses desafios não são barreiras insuperáveis; eles são degraus para o sucesso. Cada desafio proporciona uma oportunidade de aprendizado, resiliência e crescimento. Ao abraçar essas experiências, cultivamos a força e a sabedoria necessárias para percorrer o caminho em direção aos nossos objetivos.

Ao embarcar na busca pelo sucesso, abordemo-lo com uma mistura de curiosidade, determinação e adaptabilidade. Através de nossa busca persistente pela autossuperação e nossa aceitação plena das oportunidades que surgem em nosso caminho, descobriremos que o sucesso é uma jornada significativa e gratificante marcada por crescimento pessoal e realizações.

Abraçando e Aumentando a Autoconfiança

Lidar com baixa autoconfiança pode ser uma experiência desafiadora que prejudica o crescimento pessoal e restringe oportunidades. No entanto, é essencial entender que a confiança não é uma característica inata; é uma habilidade que pode ser cultivada com dedicação e autoconfiança. Aqui estão alguns passos práticos e acionáveis para ajudar você a construir e fortalecer sua confiança, capacitando-o a superar obstáculos e alcançar o sucesso.

Abraçar a confiança é uma jornada transformadora que exige paciência, autocompaixão e disposição para sair da zona de conforto. Ao reconhecer seu valor, definir metas alcançáveis, praticar o diálogo interno positivo e se cercar de pessoas de apoio, você pode gradualmente cultivar sua confiança e abraçar uma versão mais empoderada de si mesmo.

A autoconfiança é a chave para desbloquear todo o seu potencial de crescimento e desenvolvimento pessoal. Quando temos fé em nós mesmos e em nossas habilidades, é mais provável que tomemos riscos, nos desafiamos e sigamos nossas aspirações. Aqui estão alguns métodos para abraçar a confiança e incentivar o crescimento pessoal:

- Reconheça Seu Valor: Comece reconhecendo seu valor inerente como indivíduo. Entenda que todos têm pontos fortes e fracos, e está tudo bem ter

imperfeições. Abrace sua singularidade e lembre-se de que você merece autoconfiança.
- Pratique o Diálogo Interno Positivo: Desafie pensamentos negativos e substitua-os por afirmações positivas. Seja gentil consigo mesmo, assim como seria com um amigo enfrentando uma situação difícil. Celebre suas conquistas, não importa o quão pequenas sejam, e concentre-se em seus pontos fortes em vez de se fixar em fraquezas percebidas.
- Saia da Sua Zona de Conforto: A confiança floresce quando você sai da sua zona de conforto. Aceite novos desafios e experiências, mesmo que eles o assustem. Cada vez que você enfrenta um medo e tem sucesso, sua confiança se expandirá, permitindo que você enfrente desafios ainda mais significativos.
- Aprenda com os Erros: Erros são uma parte natural do processo de aprendizado. Em vez de vê-los como fracassos, encare-os como oportunidades de crescimento. Analise o que deu errado, aprenda com a experiência e use esse conhecimento para melhorar no futuro.
- Abrace as Imperfeições: Ninguém é perfeito, e está tudo bem. Abraçar suas imperfeições como parte do que o torna singularmente você. A perfeição não é um requisito para a confiança; a autoaceitação é.

Autoconfiança, a base do crescimento pessoal e da realização, não é uma característica inata, mas sim uma habilidade que pode ser cultivada por meio de determinação e autoconfiança. Em um mundo repleto de desafios e oportunidades, ter uma fé inabalável em suas habilidades é essencial para abraçar o sucesso. A autoconfiança, a autoestima, a autoeficácia e a frequentemente encontrada síndrome do impostor.

Compreendendo a Autoconfiança: A autoconfiança é a profunda confiança na capacidade de alcançar um objetivo. Ela é a base do progresso, permitindo que você assuma responsabilidades apesar dos desafios e obstáculos. Aqueles com autoconfiança abraçam voluntariamente novos desafios e se responsabilizam por suas ações e resultados. Essa característica é um estímulo para o sucesso, orientando as pessoas em direção a conquistas que de outra forma poderiam permanecer impossíveis.

A Conexão entre Autoconfiança e Felicidade: A Conexão Inseparável entre Autoconfiança e Felicidade. Na vasta gama de emoções humanas, poucos fios estão tão intricadamente entrelaçados quanto autoconfiança e felicidade. Essa união não é coincidência; é uma relação harmoniosa que impulsiona os indivíduos em direção ao cumprimento pessoal e ao sucesso. A fusão da autoconfiança e da felicidade cria uma sinergia que capacita as pessoas a superar desafios e abraçar a vida com entusiasmo e paixão.

O Composto da Autoconfiança: É a crença inabalável na capacidade de alcançar objetivos, independentemente dos obstáculos que possam surgir no caminho. Essa crença, quando nutrida, torna-se um combustível poderoso que impulsiona os indivíduos em direção ao sucesso. Quando você possui autoconfiança, possui uma arma contra a dúvida e uma armadura contra a adversidade.

A Sinfonia da Felicidade

Felicidade, essa emoção elusiva que todos nós buscamos. É o contentamento que nos envolve quando alcançamos nossos objetivos, estabelecemos conexões e descobrimos propósito em nossas empreitadas. A felicidade não é um encontro solitário; ao contrário, constitui uma fusão de alegria, realização e um sentimento de conquista. Em sua essência reside a autoconfiança.

A Interligação entre Autoconfiança e Felicidade: A conexão entre autoconfiança e felicidade vai além do acidental; é uma relação causal que influencia o curso da vida. Quando você possui autoconfiança, está equipado com um sistema de crenças de que pode superar obstáculos e alcançar o sucesso. Essa crença se torna uma profecia autorrealizável; você toma ações com convicção, persistência e dedicação. Essas ações, por sua vez, levam a conquistas, e as conquistas geram felicidade.

No cerne da autoconfiança está a convicção inabalável de que você pode ter sucesso. Essa crença atua como catalisador para estabelecer metas ambiciosas e se esforçar por elas com determinação inabalável. Quando você tem autoconfiança, o mero pensamento de sucesso não é elusivo; é uma realidade tangível pela qual você está trabalhando ativamente. Essa segurança em suas capacidades dissipa a sombra da autoinsegurança e traz a luz do otimismo.

Conforme você alimenta a chama da autoconfiança, ela se transforma em um fogo ardente de inspiração e vigor. Esse fogo fornece a energia necessária para perseguir seus sonhos, enfrentar desafios de frente e persistir mesmo diante da adversidade. A autoconfiança o impregna com a motivação para se levantar após cada queda, e com cada elevação, a felicidade floresce.

O Ciclo de Conquista e Contentamento

O ciclo de autoconfiança e felicidade é lindamente simbiótico. Quando você acredita em suas habilidades e alcança seus objetivos, experimenta um senso de realização. Esse sentimento de realização, por sua vez, aumenta sua autoestima e reforça sua autoconfiança. E à medida que sua autoconfiança cresce, também cresce sua capacidade de estabelecer metas mais ambiciosas e persegui-las implacavelmente. Esse ciclo se perpetua, pintando a tela da sua vida com pinceladas de conquista e contentamento.

Abraçando a Harmonia: Na grande sinfonia da vida, a harmonia entre autoconfiança e felicidade é uma melodia que ressoa interiormente. Abrace essa harmonia nutrindo sua autoconfiança por meio de afirmações, reconhecendo suas conquistas e silenciando o crítico interior. Entenda que a felicidade não é uma costa distante; é o oceano que flui pelo leito do rio da sua autoconfiança. À medida que você cultiva um, enriquece o outro, criando uma vida tão vibrante quanto satisfatória.

Explorando a Autoestima: A autoestima, a avaliação do próprio valor intrínseco, forma a essência da autoimagem. Aqueles com alta autoestima são impermeáveis ao julgamento externo, enraizados em sua crença inabalável em si mesmos. Eles não buscam validação de outros e navegam pela vida com uma postura confiante. Por outro lado, a baixa autoestima gera dependência da aprovação da sociedade, prejudicando o crescimento pessoal.

Compreendendo a Autoeficácia: A autoeficácia é a convicção na capacidade de se destacar em uma situação específica. Ela atua como uma bússola que guia o indivíduo em direção a metas escolhidas, moldando sua abordagem e desempenho. A relação entre autoeficácia, autoconfiança e autoestima é simbiótica, cada uma ampliando a potência da outra.

O Fenômeno da Síndrome do Impostor

O Fenômeno da Síndrome do Impostor refere-se a um padrão psicológico no qual os indivíduos lançam dúvidas sobre suas próprias conquistas, talentos e habilidades. Eles alimentam um medo persistente de serem expostos como fraudulentos, apesar de evidências concretas de sua competência. Essa tendência frequentemente leva as pessoas a atribuir seus sucessos à sorte ou a fatores externos, em vez de suas próprias habilidades. Esse fenômeno pode desencadear sentimentos de inadequação, ansiedade e autoinsegurança, mesmo entre aqueles que alcançaram muito. O senso de autoconfiança e autoestima é manchado pela crença persistente de que as conquistas são meros produtos da sorte, em vez de verdadeira competência. Originando-se de uma criação precoce e pressões sociais, a síndrome do impostor destaca a importância de cultivar a autoconfiança desde tenra idade.

- Superar a síndrome do impostor exige uma abordagem multifacetada enraizada na autoconfiança e autoestima.
- Reconheça sua Expertise: Abstenha-se de se comparar aos outros; colabore com colegas e alunos para apreciar seu crescimento.
- Reconheça suas Forças: Compile uma avaliação precisa de si mesmo, observando tanto os pontos fortes quanto as áreas a serem aprimoradas.
- Abrace a Imperfeição: Cultive a autoapreciação celebrando suas conquistas e recompensando seus sucessos.
- Busque Orientação: Envolve seu chefe, treinadores, mentores, professores para reformular percepções de suas realizações e restabelecer a autoconfiança.

O Papel da Autoconsciência

O Papel da Autoconsciência abrange a importância e influência de compreender a si mesmo em várias áreas da vida. A autoconsciência envolve compreender os próprios pensamentos, emoções, comportamentos e motivações. Isso capacita os indivíduos a identificar seus pontos fortes, fraquezas e oportunidades de crescimento pessoal. Essa consciência desempenha um papel fundamental na tomada de decisões, no gerenciamento de emoções, no cultivo de relacionamentos e no avanço pessoal. Ela capacita os indivíduos a tomar decisões informadas, melhorar a comunicação e buscar suas aspirações ao capitalizar os pontos fortes e abordar as limitações. Em essência, a autoconsciência estabelece uma base para o autodesenvolvimento, o bem-estar emocional e o envolvimento eficaz com o mundo ao redor.

Reenquadrando o Fracasso:

- Elimine o Diálogo Interno Negativo: Contrarie pensamentos improdutivos com afirmações positivas.
- Cultive a Autoafirmação: Lembre-se regularmente das conquistas passadas, reforçando o orgulho próprio.
- Utilize as Emoções: Compreenda e controle as emoções para utilizá-las de forma positiva.
- Faça uma Autoavaliação: Reconheça áreas de crescimento enquanto celebra os pontos fortes.

Conclusão

Abraçar e cultivar a autoconfiança, a autoconfiança, a autoestima e a autoeficácia são elementos-chave. Desvendar seu potencial requer reconhecer a interação entre essas dimensões e cultivá-las de maneira intencional. Ao navegar pelo caminho em direção à autoconfiança, lembre-se de que sua jornada destaca sua resiliência inata e sua capacidade. A transformação da autoinsegurança para a autoconfiança é profunda, servindo como um testemunho da força que você possui inherentemente.

Nutrindo o Crescimento Pessoal

Nutrir o Crescimento Pessoal: Buscar a excelência requer um corpo e mente saudáveis. Reserve tempo para atividades de autocuidado, como exercícios, meditação e hobbies que lhe tragam alegria. Uma mente bem descansada e rejuvenescida é mais focada e criativa. Ao reservar tempo para atividades de autocuidado e nutrir o crescimento pessoal, você cria uma base sólida para a excelência em todos os aspectos da vida. Lembre-se, cuidar de si mesmo não é egoísta; isso permite que você seja a melhor versão de si mesmo, o que impacta positivamente tanto em seus empreendimentos pessoais quanto profissionais.

- Exercite-se Regularmente: Envolva-se em atividades físicas que você gosta, como caminhar, correr, praticar ioga ou dançar. O exercício regular aumenta os níveis de energia, reduz o estresse e promove um corpo e mente mais saudáveis.
- Pratique a Meditação e a Atenção Plena: Reserve tempo para a meditação ou exercícios de atenção plena. Essas práticas ajudam a acalmar a mente, reduzir a ansiedade e melhorar o foco e a autoconsciência.
- Dê Prioridade ao Sono: Garanta que você tenha qualidade suficiente de sono todas as noites. Uma mente bem descansada está mais alerta, criativa e capaz de lidar com desafios de forma eficaz.

- Abrace Hobbies: Dedique tempo a hobbies e atividades que lhe tragam alegria e satisfação. Participar de atividades criativas ou hobbies pode ser uma ótima forma de aliviar o estresse e promover o crescimento pessoal.
- Pratique a Autocompaixão: Seja gentil e compassivo consigo mesmo, especialmente durante momentos desafiadores. Trate-se com a mesma compreensão e apoio que ofereceria a um amigo.
- Saia da Zona de Conforto: Desafie-se a sair da sua zona de conforto e abraçar novas experiências. O crescimento pessoal frequentemente ocorre quando abraçamos oportunidades de aprendizado e crescimento.
- Pratique a Gratidão: Reserve um tempo para apreciar os aspectos positivos da sua vida. Praticar a gratidão pode levar a uma perspectiva mais positiva e aumento da resiliência.
- Conexões Sociais: Cultive relacionamentos significativos com familiares, amigos e colegas. As conexões sociais são essenciais para o bem-estar emocional e crescimento pessoal.
- Limite o Estresse: Identifique fontes de estresse em sua vida e tome medidas para gerenciá-las de forma eficaz. Utilize técnicas de relaxamento, gerenciamento do tempo e delegação para reduzir os níveis de estresse.
- Limite o Tempo de Tela: Embora a tecnologia tenha seus benefícios, o tempo excessivo de tela pode levar ao esgotamento e reduzir a produtividade. Estabeleça limites para o uso de telas e reserve tempo para outras atividades.

- Reflexão e Escrita: Reserve momentos para a autorreflexão, seja por meio de escrita em um diário ou contemplação. Refletir sobre suas experiências e emoções pode promover a autoconsciência e o crescimento pessoal.
- Leia e Aprenda: Cultive o hábito de aprendizado contínuo. Leia livros, artigos ou faça cursos online sobre assuntos que lhe interessam, pois o aprendizado expande seu conhecimento e perspectivas.

Aprendizagem Contínua: O crescimento pessoal é uma jornada contínua, e a aprendizagem contínua é um aspecto fundamental disso. Ler livros, ouvir podcasts, participar de seminários - absorver conhecimento de várias fontes para expandir seus horizontes e manter-se intelectualmente curioso. Ao fomentar o crescimento pessoal, tornamo-nos indivíduos mais informados e engajados. A aprendizagem contínua não se trata apenas de adquirir fatos, mas também de desenvolver o pensamento crítico, empatia e uma perspectiva mais ampla sobre o mundo. É uma ferramenta poderosa para enriquecer sua vida e causar um impacto positivo no mundo ao seu redor.

Tomada de Decisão Informada: O conhecimento capacita você a tomar decisões bem fundamentadas tanto na sua vida pessoal quanto profissional. Estar ciente dos acontecimentos atuais e das tendências permite considerar todos os fatores relevantes antes de fazer escolhas.

- Cultivo da Consciência: Estar informado sobre o mundo cultiva um senso mais amplo de consciência e compreensão. Essa consciência aumenta a empatia e

ajuda a se relacionar com pessoas de diferentes origens e culturas.
- Adaptabilidade: O mundo está em constante mudança, e ter conhecimento atualizado permite que você se adapte a novas situações e desafios de maneira mais eficaz. A aprendizagem contínua mantém você ágil e aberto a novas ideias.
- Aprimoramento do Pensamento Crítico: O conhecimento estimula as habilidades de pensamento crítico. Ao aprender de várias fontes, você pode analisar informações de maneira crítica e desenvolver uma perspectiva bem fundamentada sobre questões complexas.
- Crescimento Profissional: Ficar informado sobre tendências e desenvolvimentos na sua área é crucial para o crescimento profissional. A aprendizagem contínua permite que você se mantenha competitivo no seu campo e aproveite oportunidades de avanço.
- Expansão de Horizontes: Aprender sobre diferentes culturas, histórias e disciplinas expande seus horizontes e amplia sua visão de vida. Isso incentiva a curiosidade intelectual e a sede por conhecimento.
- Contribuição para a Sociedade: Um indivíduo bem informado pode participar ativamente de questões cívicas e sociais. Cidadãos informados podem advogar por mudanças positivas e contribuir para o bem-estar de suas comunidades.
- Prevenção de Desinformação: Em uma era de abundância de informações, ter conhecimento ajuda a discernir informações precisas de desinformação ou notícias falsas. Isso reduz o risco de cair vítima de rumores ou narrativas falsas.

- Inspiração para Outros: Demonstrar um compromisso com a aprendizagem contínua pode inspirar outras pessoas ao seu redor a fazerem o mesmo. Sua sede por conhecimento pode incentivar uma cultura de aprendizado e crescimento em sua comunidade ou local de trabalho.
- Satisfação Pessoal: A aprendizagem é inerentemente gratificante e enriquecedora. Adquirir novos conhecimentos e habilidades proporciona um senso de realização e autodesenvolvimento, contribuindo para o crescimento pessoal e a felicidade.

Ao continuar aprendendo, estamos impulsionando um poderoso processo que alimenta o crescimento pessoal, enriquece nossas vidas e promove a adaptabilidade em um mundo em constante mudança. Ao nos envolvermos em várias experiências de aprendizado, nutrimos a nossa curiosidade intelectual e asseguramos que permanecemos aprendizes ao longo da vida, em uma jornada de autodescoberta e aprimoramento.

Conclusão: Na busca pelo crescimento pessoal, fomentar a autoconsciência, abraçar desafios e manter uma mentalidade orientada para o crescimento são estratégias essenciais. Ao buscar constantemente oportunidades de aprendizado e desenvolvimento, estabelecer metas significativas e priorizar o autocuidado, você cria um ambiente propício para a sua jornada de crescimento. Lembre-se de que o crescimento pessoal é um processo contínuo que requer dedicação e autocompaixão. Conforme você embarca nesse caminho, celebre o seu progresso e mantenha-se aberto às possibilidades transformadoras que estão à sua frente.

Encontrando a Paz na Vida Cotidiana

Descobrindo a Tranquilidade

Abraçar cada dia com um senso de propósito e gratidão pode levar a uma vida gratificante. Ter fé e estar espiritualmente conectado pode fornecer a força necessária para navegar pelas adversidades da vida.

"Caminhar no Espírito" e estar cheio do Espírito Santo têm significados distintos, mas interconectados. Enquanto estar cheio do Espírito Santo se refere a nos abrirmos para a presença e orientação de Deus, "caminhar no Espírito" envolve viver de acordo com esses princípios espirituais em nossas ações diárias. É importante manter essa conexão e evitar ações que possam diminuir ou entristecer a presença do Espírito dentro de nós.

No meio de nossas vidas agitadas, é fácil nos deixarmos consumir por nossas agendas e esquecer que temos a capacidade de moldá-las. É um exercício poderoso marcar um dia em nosso calendário para um "dia de fluxo de inspiração". Nesse dia, mantemos deliberadamente nossas agendas abertas, permitindo-nos ser espontâneos e focar em momentos de paz e reflexão com nossa força superior.

Lembre-se, cada dia é uma chance de encontrar inspiração, crescer espiritualmente e nos alinhar com nosso propósito. Trata-se de abraçar a oportunidade de viver com intenção e aproveitar ao máximo o tempo que nos foi dado.

Navegando pelo Ruído

O mundo moderno tem muitas distrações, cada uma lutando por sua atenção. Para encontrar paz, é crucial navegar pelo ruído e pelas distrações. Participar de atividades que promovem a autoanálise, como meditação, escrever em um diário ou um passeio tranquilo pela natureza, oferece um santuário de silêncio no meio do caos.

De uma perspectiva clínica, a capacidade de navegar pelas distrações constantes do mundo moderno é primordial para manter a saúde mental e cultivar a paz interior. A prevalência de estímulos competindo pela atenção pode levar a sobrecarga cognitiva, estresse e redução do bem-estar emocional. Para contrariar esses efeitos e encontrar um senso de tranquilidade, as pessoas podem empregar estratégias para criar momentos de quietude dentro da cacofonia da vida diária.

O conceito de "navegar pelo ruído" está alinhado com os princípios de regulação da atenção e atenção plena, que são componentes integrais da psicologia clínica. Em um mundo saturado de estímulos, as pessoas estão propensas a experimentar níveis elevados de estresse e dificuldade em se concentrar. Isso pode levar à desregulação emocional e contribuir para desafios de saúde mental, como ansiedade e depressão. A prática de criar deliberadamente períodos de introspecção focada pode mitigar esses efeitos.

As intervenções clínicas frequentemente incorporam técnicas de atenção plena para ajudar as pessoas a cultivar a consciência e gerenciar a atenção no momento presente.

Participar de atividades como meditação, escrever em um diário ou passar tempo na natureza pode oferecer um alívio da sobrecarga sensorial. Essas práticas incentivam as pessoas a se desligarem do ruído externo e voltarem sua atenção para o interior. Ao fazer isso, as pessoas podem experimentar níveis reduzidos de estresse, melhora na regulação emocional e maior clareza cognitiva.

A meditação, em particular, tem sido amplamente estudada em ambientes clínicos devido aos seus benefícios na promoção do relaxamento e do bem-estar emocional. A prática regular de meditação tem sido associada a níveis reduzidos de ansiedade e depressão, bem como a melhorias na atenção e funcionamento cognitivo. O ato de escrever em um diário serve como uma ferramenta reflexiva que permite às pessoas organizar seus pensamentos, processar emoções e obter insights sobre suas experiências internas. As atividades baseadas na natureza, por outro lado, proporcionam um ambiente rico em estímulos sensoriais que podem induzir um efeito calmante e restaurar recursos cognitivos.

Em essência, adotar práticas que facilitem a introspecção e a reflexão tranquila em um mundo cheio de distrações pode ter efeitos profundos na saúde mental. Essas práticas estão alinhadas com estratégias clínicas para gerenciar o estresse, a ansiedade e a sobrecarga cognitiva. Ao criar intencionalmente momentos de quietude, as pessoas podem recalibrar sua atenção, restaurar o equilíbrio emocional e cultivar um senso de paz interior em meio ao ruído da vida moderna.

De uma perspectiva divina no cerne da espiritualidade, o conceito de "navegar pelo ruído" adquire um significado profundo. Nessa perspectiva, o "ruído" representa não apenas as distrações externas do mundo material, mas também o diálogo interno de pensamentos, desejos e preocupações egoístas que podem obscurecer nossa conexão com o divino.

Navegar por esse ruído envolve reconhecer que no âmago do nosso ser existe uma quietude sagrada - um espaço onde podemos sintonizar-nos com a presença divina. Essa quietude é um local de comunhão com planos superiores, onde podemos receber orientação, sabedoria e inspiração. No entanto, o barulho do mundo e nossos próprios pensamentos inquietos muitas vezes atuam como barreiras, impedindo-nos de acessar esse espaço sagrado interior.

Em muitas tradições espirituais, práticas como meditação, oração e contemplação são oferecidas como caminhos para navegar por esse ruído. Essas práticas nos convidam a silenciar as distrações do mundo externo e acalmar a turbulência de nossas mentes. Ao entrarmos nesse estado de quietude interior, criamos um canal receptivo para a comunicação divina.

A natureza é frequentemente vista como um reflexo da criação divina, e passar tempo na natureza pode ser uma forma de se alinhar com sua harmonia e tranquilidade inerentes. Isso proporciona uma oportunidade de se desvincular das distrações da vida moderna e reconectar-se com os ritmos do universo. A natureza pode servir como um condutor para a energia divina e a inspiração fluírem para nossa consciência.

Nessa perspectiva divina, "navegar pelo ruído" se torna uma jornada intencional de introspecção, uma peregrinação sagrada ao cerne de nosso ser, onde nos comunicamos com a essência divina. Ao adotar práticas que promovem a quietude interior, abrimos caminho para receber orientação divina, inspiração e um entendimento mais profundo de nosso propósito espiritual.

A Essência da Paz em Tempos Turbulentos

A paz não é uma ilusão passageira; pelo contrário, é uma condição da existência que pode ser nutrida em meio às marés imprevisíveis das provações da vida. É a serenidade que permite permanecer centrado mesmo quando o mundo ao seu redor está em movimento constante. Abraçar a paz significa encontrar o olho do furacão interior, onde reinam a clareza e o equilíbrio. Essa paz é o que nos capacita a permanecer ancorados mesmo em meio à confusão perpétua do mundo externo. Abraçar a paz é encontrar aquele centro tranquilo dentro de nós mesmos.

Estudos clínicos demonstraram que abraçar a paz como uma prática psicológica pode ter efeitos profundos na redução do estresse, regulação emocional e saúde mental geral. Ao cultivar esse centro sereno dentro de si, as pessoas estão melhor preparadas para lidar com os desafios que a vida apresenta. Essa prática promove resiliência, permitindo que as pessoas respondam aos estressores com maior clareza, adaptabilidade e estabilidade emocional.

Fundamentalmente, abraçar a paz em meio a tempos turbulentos convida à exploração de uma fonte interior de sabedoria e harmonia. É uma abordagem pró-ativa para o bem-estar mental, permitindo que as pessoas acessem seus próprios recursos internos para navegar pelas complexidades da vida. Ao promover essa paz interior, as pessoas podem desenvolver um maior equilíbrio emocional, levando a estratégias de enfrentamento aprimoradas e uma qualidade de vida elevada.

De uma perspectiva divina no cerne da espiritualidade, "A Essência da Paz em Tempos Turbulentos" possui um significado profundo. Isso reconhece que a verdadeira paz vai além das meras circunstâncias externas; é um reflexo de nossa alinhamento com a ordem divina e um reconhecimento das verdades espirituais mais profundas que subjazem ao caos do mundo.

Nessa perspectiva, a paz não é apenas a ausência de conflito, mas um estado de harmonia que emana de nossa conexão com a fonte divina. É uma tranquilidade interior que permanece firme mesmo quando o mundo externo está em tumulto. Essa paz não depende de circunstâncias passageiras, mas sim de nossa sintonia com a natureza eterna e imutável do divino.

Tempos turbulentos podem servir como elementos para o crescimento e transformação espiritual. Eles nos lembram da impermanência das buscas materiais e da importância de buscar consolo na presença divina. A essência da paz é encontrada ao reconhecer o plano divino que transcende os desafios temporais que enfrentamos. É um lembrete de que o divino possui um propósito maior além de nossa compreensão imediata.

Nesses momentos tumultuados, as pessoas frequentemente recorrem a práticas espirituais para encontrar calma interior e orientação divina. A oração, a meditação e a contemplação se tornam caminhos para se conectar com a fonte divina, buscando consolo e sabedoria em meio à incerteza. Ao sintonizar-se com a essência divina interior, as pessoas podem experimentar um profundo senso de paz que transcende a compreensão humana.

Praticando a Consciência Plena

Um dos alicerces para descobrir a paz reside na consciência plena. Trata-se de se envolver plenamente no momento presente, imergindo-se nos visuais, sons e sensações ao seu redor. A consciência plena concede a capacidade de se desvincular da turbulência das preocupações e arrependimentos, introduzindo uma sensação de calma que apenas o presente pode proporcionar. A prática da consciência plena possui grande importância na promoção do bem-estar emocional. Ela serve como um elemento fundamental para cultivar um senso de paz e equilíbrio mental. A consciência plena envolve participar ativamente e sem julgamento no momento imediato, imergindo-se nas experiências sensoriais do ambiente. Ao se envolver plenamente com os estímulos visuais, auditivos e táteis ao seu redor, a consciência plena possibilita um desprendimento deliberado das correntes tumultuosas de pensamentos angustiantes relacionados a preocupações e arrependimentos.

Na prática clínica, a incorporação de técnicas de consciência plena tem demonstrado contribuir para a redução dos níveis de estresse, melhoria na regulação emocional e aprimoramento do bem-estar psicológico geral. Ao focar no momento presente e abraçá-lo sem julgamento, as pessoas podem experimentar um alívio da turbulência emocional que frequentemente acompanha preocupações e arrependimentos. Essa prática não apenas permite um afastamento momentâneo desse desconforto, mas também equipa as pessoas com uma ferramenta valiosa para gerenciar suas respostas emocionais em diversas situações.

De uma perspectiva divina no cerne da espiritualidade, "Praticando a Consciência Plena" possui um significado profundo como um meio de se conectar com a essência divina que permeia toda a existência. A consciência plena é mais do que uma técnica; é um portal para experimentar a presença divina em cada momento, transcendendo as limitações da percepção ordinária.

Nessa perspectiva, a consciência plena se torna uma prática sagrada de sintonizar-se com o divino dentro do momento presente. É um convite para perceber a beleza, a sabedoria e a graça que fluem por cada aspecto da criação. Ao se engajar plenamente com o presente, as pessoas se abrem para uma experiência direta do desdobramento divino.

A consciência plena é um reconhecimento de que o divino não está confinado a um reino distante, mas é imanente na trama da vida. Através dessa prática, as pessoas reconhecem a obra do divino. Essa prática também incentiva as pessoas a transcender o incessante barulho da mente, como as preocupações, arrependimentos e ansiedades que frequentemente impedem uma conexão mais profunda com o divino. Ao aquietar a tagarelice mental e se ancorar no momento presente, as pessoas criam um espaço receptivo para insights divinos, orientação e inspiração emergirem.

Cultivando a Gratidão

A gratidão é um farol de luz que ilumina o caminho para a paz. Ao focar nas bênçãos que enriquecem a sua vida, você muda sua perspectiva do que está faltando para o que é abundante. A prática de contar as suas bênçãos promove uma apreciação profunda pelas alegrias simples e pelas conexões que permeiam a sua existência diária.

Abordando isso de uma perspectiva clínica, o cultivo da gratidão possui um substancial valor terapêutico na promoção do bem-estar mental e emocional. A gratidão pode ser vista como uma ferramenta psicológica poderosa que guia as pessoas rumo a um estado de paz e contentamento. Ao direcionar a atenção para os aspectos positivos que enriquecem a vida de alguém, essa prática facilita uma mudança de perspectiva, passando de um foco nas deficiências para um reconhecimento da abundância.

O ato de reconhecer deliberadamente e apreciar as bênçãos pode levar a uma transformação profunda na paisagem emocional de alguém. Essa mudança de foco do que está faltando para o que está presente encoraja o cérebro a reorganizar-se, promovendo uma perspectiva mais otimista e positiva. Pesquisas clínicas têm demonstrado que praticar a gratidão pode levar a uma regulação de humor aprimorada, redução dos sintomas de ansiedade e depressão, e um fortalecimento geral da resiliência psicológica.

Contar as bênçãos de forma deliberada possui um impacto notável em aprimorar o senso de bem-estar de alguém. Essa prática encoraja as pessoas a sintonizarem-se com os pequenos prazeres e conexões significativas que permeiam suas vidas diárias. Ao apreciar essas alegrias simples, as pessoas cultivam um profundo senso de apreço e conexão, o que por sua vez pode contrabalançar sentimentos de isolamento ou insatisfação.

Em configurações terapêuticas, a incorporação de práticas de gratidão tem mostrado promessa em várias intervenções. Desde escrever um diário de gratidão até a terapia cognitivo-comportamental focada em gratidão, essas técnicas oferecem ferramentas concretas para as pessoas nutrirem emoções positivas e combaterem padrões de pensamento negativos. Ao integrar a gratidão em sua rotina, as pessoas podem criar um ciclo de feedback positivo que aprimora sua resiliência mental e emocional geral.

De uma perspectiva divina no âmbito da espiritualidade, "Cultivando a Gratidão" é uma prática profunda que se alinha com a harmonia inerente e a abundância do universo divino. A gratidão não é apenas uma emoção passageira; é um canal através do qual podemos nos conectar com a fonte divina e reconhecer as bênçãos que fluem por cada aspecto da existência.

Nessa perspectiva, cultivar a gratidão é um ato fundamental de reconhecimento da graça divina que permeia todos os aspectos da vida. É uma maneira de sintonizar nossos corações com a abundância divina que nos envolve, tanto nos momentos de alegria quanto nos desafios. Ao focar nas bênçãos em vez das lacunas percebidas, nos abrimos ao fluxo divino de energia e amor.

A gratidão se torna uma ponte que conecta a alma humana à fonte divina. É um reconhecimento de que cada experiência, cada interação e cada respiração estão impregnados de propósito divino. Desde o nascer do sol até o abraço dos entes queridos, cada bênção é um presente do divino, nos convidando a uma compreensão mais profunda de nossa interconexão com toda a criação.

Essa prática também possui o poder de transformar nossa consciência. Ao cultivar a gratidão, as pessoas mudam sua perspectiva do mundano para o sagrado. Essa mudança nos permite ver além da superfície das coisas e perceber a essência divina que reside dentro delas. Ela nutre um senso de contentamento e paz interior que transcende os desejos passageiros do ego.

De uma perspectiva divina, cultivar a gratidão vai além do bem-estar pessoal; contribui para a energia coletiva do universo. Quando as pessoas expressam gratidão, amplificam as vibrações positivas que irradiam de seus corações, influenciando a trama energética da realidade. Essa interação entre a gratidão e a energia divina cria uma ressonância harmoniosa que contribui para a elevação da consciência em uma escala global.

Abraçando a Autocompaixão

Na busca pela paz, é essencial tratar a si mesmo com a mesma bondade que você estenderia a um querido amigo. A autocompaixão envolve reconhecer suas imperfeições sem julgamento e entender que os erros são degraus para o crescimento. Ao cultivar a autocompaixão, você cria um ambiente de aceitação que nutre a tranquilidade interior.

De um ponto de vista clínico, abraçar a autocompaixão é um aspecto fundamental na promoção do bem-estar psicológico e na conquista de um estado de paz interior. A autocompaixão pode ser vista como uma prática terapêutica que envolve tratar a si mesmo com a mesma gentileza, compreensão e aceitação que se ofereceria a um amigo próximo. Essa prática está enraizada no reconhecimento das próprias imperfeições e limitações sem o peso da autocrítica, e no reconhecimento de que os erros são componentes essenciais do processo de crescimento.

O conceito de autocompaixão possui imensa relevância na psicologia clínica, pois impacta diretamente a autoestima, a resiliência e a saúde emocional geral de um indivíduo. Ao cultivar a autocompaixão, as pessoas criam um ambiente interno de cuidado caracterizado por empatia e autoaceitação. Estudos clínicos têm mostrado que pessoas que praticam a autocompaixão têm mais probabilidade de experimentar níveis reduzidos de ansiedade, depressão e autocrítica negativa.

No contexto terapêutico, incorporar técnicas de autocompaixão pode ser fundamental para fomentar uma autoimagem positiva e mitigar os efeitos prejudiciais da autocrítica. Através de intervenções baseadas em mindfulness e reestruturação cognitiva, as pessoas podem aprender a desafiar o crítico interno e substituí-lo por uma voz compassiva e compreensiva. Essa mudança na autodialogação pode ter efeitos profundos na regulação emocional e no bem-estar mental geral.

Abraçar a autocompaixão também está intimamente ligado ao desenvolvimento de resiliência e estratégias adaptativas de enfrentamento. Quando as pessoas encaram seus erros e contratempos com autocompaixão, têm mais probabilidade de ver essas experiências como oportunidades de crescimento, em vez de fontes de vergonha ou fracasso. Essa mudança de mentalidade contribui para uma resiliência emocional aprimorada e a capacidade de enfrentar desafios com maior equanimidade.

De uma perspectiva divina no cerne da espiritualidade, "Abraçando a Autocompaixão" possui um significado profundo como uma manifestação do amor divino e da compaixão que fluem por toda a criação. A autocompaixão não é apenas uma virtude humana; é um reflexo da misericórdia e aceitação ilimitadas do divino em relação às suas criações.

Nessa perspectiva, abraçar a autocompaixão torna-se um ato de sintonização com a natureza divina dentro de si mesmo. Assim como o divino oferece amor incondicional e perdão, as pessoas são chamadas a estender esse mesmo amor e perdão a si mesmas. Essa prática é um reconhecimento da presença divina que reside dentro de cada alma, convidando as pessoas a honrar sua dignidade inerente.

A autocompaixão envolve o reconhecimento das imperfeições e erros de alguém sem julgamento. Aos olhos do divino, cada alma é uma expressão única de seu amor, e abraçar a autocompaixão é uma forma de abraçar nossa essência divina. É um passo em direção à auto-cura e auto-libertação, à medida que as pessoas liberam os fardos de culpa e autocrítica que inibem sua conexão com o divino.

Essa prática também enfatiza a interconexão de todos os seres. Assim como o divino vê cada alma como uma parte integral de sua criação, as pessoas são incentivadas a reconhecer sua humanidade compartilhada e a tratar a si mesmas com a mesma gentileza que estenderiam aos outros. Ao cultivar a autocompaixão, as pessoas contribuem para a teia harmoniosa de amor divino que envolve toda a criação.

De uma perspectiva divina, abraçar a autocompaixão não é um ato de egoísmo, mas sim um ato de alinhamento divino. É um convite para entrar no rio da graça divina e permitir que suas águas curativas lavem o autojulgamento e a falta de autovalorização. Ao se amar como o divino ama, as pessoas abrem seus corações para receber e irradiar o amor ilimitado que sustenta o universo.

Criando Limites Harmoniosos

A paz floresce dentro de limites bem definidos. Aprender a dizer "não" quando necessário, estabelecer limites para compromissos e reservar tempo para descanso e renovação são todos componentes essenciais para manter um senso de equilíbrio. Estabelecer esses limites permite proteger a sua energia e priorizar o seu bem-estar.

Abordando isso de uma perspectiva clínica, o conceito de "Criando Limites Harmoniosos" é um aspecto fundamental para manter o bem-estar mental e emocional. Limites desempenham um papel crucial em preservar o equilíbrio interno de alguém e nutrir um senso de paz no meio das demandas da vida.

No contexto clínico, limites referem-se aos limites saudáveis que as pessoas estabelecem em várias áreas de suas vidas. Aprender a dizer "não" de maneira assertiva quando necessário é uma habilidade vital para manter a saúde psicológica. Isso permite que as pessoas priorizem suas próprias necessidades e evitem se sobrecarregar, o que pode levar ao esgotamento e a níveis elevados de estresse.

Além disso, estabelecer limites em relação a compromissos é essencial para prevenir a exaustão dos recursos mentais e emocionais. Em um mundo cheio de demandas constantes, as pessoas que estabelecem limites estão melhor preparadas para alocar tempo e energia para tarefas que estejam alinhadas com suas prioridades. Essa prática contribui para um sentimento de realização, reduz a sensação de sobrecarga e promove um estilo de vida equilibrado.

Preservar tempo para descanso e renovação é um elemento crítico para manter o bem-estar. Pesquisas clínicas consistentemente enfatizam a importância do sono adequado, do relaxamento e das atividades de lazer na promoção da saúde mental. Ao estabelecer limites em relação ao trabalho e às responsabilidades, as pessoas criam oportunidades para o autocuidado, que pode incluir atividades que recarreguem suas energias emocionais.

Na terapia, frequentemente se incentiva as pessoas a examinar seus limites e aprender a estabelecê-los e comunicá-los de maneira eficaz. Esse processo pode levar a um aumento da autoconsciência, melhoria da autoestima e desenvolvimento de relacionamentos interpessoais mais saudáveis.

De uma perspectiva divina no cerne da espiritualidade, "Criando Limites Harmoniosos" possui um significado profundo como uma expressão de autodiscernimento e alinhamento divino. Limites, quando estabelecidos com consciência e intenção, refletem a sabedoria inerente e a sacralidade de manter uma existência equilibrada.

Nessa perspectiva, limites não são vistos como barreiras, mas como marcos sagrados que honram a essência divina dentro de cada indivíduo. Assim como a ordem divina governa o cosmos com precisão, criar limites harmoniosos é um ato de alinhar a vida com a ordem divina. É um reconhecimento de que cada alma é um vaso do divino, merecedor de respeito e proteção.

Estabelecer limites saudáveis é uma expressão de amor-próprio e autocuidado. Assim como o divino nutre sua criação, as pessoas são chamadas a nutrir seu próprio bem-estar. Essa prática é uma afirmação de que o corpo, a mente e o espírito são vasos sagrados que requerem proteção e cuidado para cumprir seu propósito divino.

Preservar tempo para descanso e renovação é uma forma de honrar o ritmo divino da vida. Nas tradições espirituais, o conceito de sábado ou momentos de descanso sagrado está presente como uma maneira de se conectar com o divino e restaurar a alma. Criar limites em torno do descanso é um reconhecimento de que mesmo na busca por responsabilidades, há a necessidade de períodos de reconexão e renovação.

Criar limites harmoniosos também se estende aos relacionamentos. Assim como o relacionamento divino é pautado pelo amor mútuo e respeito, as pessoas são incentivadas a estabelecer limites que honrem seu bem-estar emocional, mental e espiritual. Essa prática promove relacionamentos saudáveis construídos sobre entendimento mútuo e compaixão.

Essencialmente, de uma perspectiva divina, criar limites harmoniosos é um ato de alinhamento divino e de honrar a si mesmo. É um reconhecimento da sacralidade interior e do mundo ao redor. Ao estabelecer limites que protegem a energia, priorizam o bem-estar e honram o ritmo divino, as pessoas não apenas enriquecem suas próprias vidas, mas também se alinham com a maior harmonia cósmica. Essa prática é uma incorporação do princípio divino de que dentro de cada alma reside uma centelha do sagrado, merecedora de reverência e cuidado.

Encontrar Conexão na Comunidade

A verdadeira paz se estende além do indivíduo e encontra suas raízes na comunidade. Engajar-se com indivíduos de mentalidade semelhante que compartilham seus valores e interesses fomenta um senso de pertencimento e conexão. Compartilhar experiências, oferecer apoio e colaborar em metas compartilhadas pode amplificar o sentimento de paz dentro e ao seu redor.

De uma perspectiva clínica, o conceito de "Encontrar Conexão na Comunidade" é um aspecto crucial para promover o bem-estar mental e emocional. Do ponto de vista clínico, conexões sociais e um senso de pertencimento têm um impacto profundo na saúde psicológica de um indivíduo e na qualidade de vida geral.

Engajar-se com indivíduos de mentalidade semelhante que compartilham valores e interesses comuns pode trazer inúmeros benefícios terapêuticos. Fazer parte de uma comunidade proporciona um senso de pertencimento que combate sentimentos de isolamento e solidão, ambos os quais podem contribuir para desafios de saúde mental, como depressão e ansiedade.

Compartilhar experiências dentro de um ambiente comunitário fomenta um senso de empatia e validação. Saber que outros enfrentaram desafios semelhantes ou têm aspirações parecidas cria uma rede de apoio que pode aliviar sentimentos de solidão nas lutas pessoais. Essa compreensão compartilhada pode oferecer um espaço para que as pessoas se expressem sem julgamento e recebam encorajamento.

Colaborar com outros em um contexto comunitário também pode amplificar o senso de paz e bem-estar. Esforços coletivos e metas compartilhadas proporcionam um senso de propósito e empoderamento. O ato de trabalhar juntos em prol de uma causa comum pode aumentar os sentimentos de autoestima, confiança e senso de realização.

O envolvimento na comunidade tem sido associado a uma melhoria na autoestima, redução do estresse e aprimoramento da regulação emocional. Participar de atividades em grupo e compartilhar experiências positivas dentro de uma comunidade de apoio pode contribuir para a liberação de neurotransmissores associados ao bem-estar, como a ocitocina e endorfinas.

Intervenções terapêuticas frequentemente enfatizam a importância de construir e manter uma rede de apoio social. O engajamento comunitário está alinhado com estratégias clínicas para combater sentimentos de isolamento e melhorar a resiliência emocional geral. Ele oferece às pessoas a oportunidade de dar e receber apoio emocional, fomentando uma relação recíproca que pode contribuir significativamente para o bem-estar mental.

De uma perspectiva divina no âmbito da espiritualidade, "Encontrar Conexão na Comunidade" possui um profundo significado espiritual como uma encarnação da interconexão que subjaz a toda a criação. Nessa perspectiva, a comunidade não é apenas um grupo de indivíduos; é um tecido sagrado tecido pelo divino para facilitar o crescimento mútuo, o apoio e a evolução espiritual.

O conceito de comunidade reflete o princípio divino da unidade. Assim como todos os seres estão interconectados no grande esquema da criação, os indivíduos se reunindo em uma comunidade representam o jogo harmonioso de almas diversas. Essa interconexão é um lembrete de que cada indivíduo é uma expressão única do divino, contribuindo para a grande sinfonia cósmica.

Engajar-se com indivíduos de mentalidade semelhante em um ambiente comunitário alinha-se à busca espiritual por um entendimento mais profundo e crescimento. Tais conexões proporcionam oportunidades para as almas compartilharem suas jornadas espirituais, trocarem insights e aprenderem uns com os outros. A intenção divina por trás da comunidade é facilitar a expansão da consciência e o reconhecimento da divindade em todos os aspectos da vida.

Compartilhar experiências dentro de uma comunidade espiritual fomenta empatia e compaixão, qualidades que ressoam com os atributos divinos do amor e compreensão. É uma oportunidade de estender as qualidades divinas aos outros, oferecendo apoio e incentivo em seus caminhos individuais. Esse ato de doação espelha o contínuo derramamento de amor e sustento divino para sua criação.

Colaborar com outros em uma comunidade espiritual amplifica a energia coletiva de transformação e despertar espiritual. É uma convergência de almas trabalhando juntas para o seu próprio aprimoramento e para o mundo ao seu redor. Esse esforço colaborativo se alinha com a intenção divina da cocriação e harmonia entre todos os seres.

De uma perspectiva divina, a comunidade serve como um microcosmo da ordem divina e interconexão que permeia o universo. Ela reflete a intenção divina para que os seres se reúnam, aprendam uns com os outros e contribuam para a evolução da consciência. Assim como a presença divina é encontrada na interação de todas as coisas, a conexão encontrada na comunidade serve como um lembrete da interconexão sagrada que une todas as almas.

Abraçar a Impermanência

Por último, a paz está entrelaçada com a compreensão da impermanência. A vida é uma série de momentos transitórios, cada um fluindo para o próximo. Abraçar a natureza impermanente da existência libera você do apego aos resultados e o convida a saborear o presente. Ao abrir mão da necessidade de que as coisas permaneçam inalteradas, você convida um senso de paz que transcende as circunstâncias.

Abordando isso de uma perspectiva clínica, o conceito de "Abraçar a Impermanência" carrega implicações terapêuticas profundas para melhorar o bem-estar mental e cultivar um senso de paz. Do ponto de vista clínico, o reconhecimento e a integração da natureza impermanente da vida são centrais para promover a resiliência psicológica e o enfrentamento adaptativo.

Compreender a impermanência é um pilar das intervenções baseadas em mindfulness, que têm mostrado eficácia clínica substancial. Essas intervenções ensinam indivíduos a cultivar uma consciência do momento presente e a aceitar a natureza impermanente das experiências sem julgamento. Essa prática tem sido associada a sintomas reduzidos de ansiedade, depressão e reatividade emocional.

A percepção de que a vida consiste em momentos transitórios pode ser libertadora. Isso permite que as pessoas se desapeguem de expectativas rígidas e ideais inatingíveis. Ao abrir mão da necessidade de que os resultados permaneçam fixos, as pessoas reduzem o sofrimento psicológico que surge de expectativas não atendidas, o que pode levar a estados emocionais negativos e mecanismos de enfrentamento não saudáveis.

Além disso, abraçar a impermanência se alinha com abordagens cognitivo-comportamentais que desafiam padrões distorcidos de pensamento. Indivíduos propensos a pensamentos catastróficos ou medos irracionais podem se beneficiar ao reconhecer que as situações são temporárias e sujeitas a mudanças. Essa perspectiva pode promover uma resposta mais equilibrada e racional a desafios e incertezas.

Na terapia, discussões sobre impermanência frequentemente se cruzam com os princípios da terapia de aceitação e compromisso (ACT). A ACT incentiva os indivíduos a aceitarem suas experiências internas e circunstâncias externas, enquanto se comprometem com ações alinhadas aos seus valores. Abraçar a impermanência apoia o componente de aceitação, permitindo que os indivíduos liberem a luta contra o fluxo inevitável da vida.

Ao abraçar a impermanência, contribui-se para uma regulação emocional aprimorada e uma maior adaptabilidade à mudança. Ao reconhecer que as experiências positivas e negativas são transitórias, os indivíduos podem navegar pelos altos e baixos da vida com maior equanimidade. Essa perspectiva incentiva um foco no momento presente, promovendo um senso de mindfulness que tem sido associado a um bem-estar psicológico aprimorado.

De uma perspectiva divina no cerne da espiritualidade, "Abraçar a Impermanência" possui um significado profundo como uma porta de compreensão para o fluxo divino e a ordem cósmica que subjaz a toda existência. Nessa perspectiva, a impermanência não é uma fonte de desespero, mas um lembrete da dança divina de criação, preservação e transformação.

O conceito de impermanência reflete o princípio divino da mudança e evolução. O próprio universo está em constante estado de fluxo, espelhando o fluxo e refluxo da energia divina. Abraçar a impermanência é um reconhecimento de que toda a criação faz parte de um tecido divino que se desdobra por meio de ciclos de nascimento, crescimento, decadência e renascimento.

Compreender a impermanência da vida convida os indivíduos a se desapegarem de apegos a posses materiais, identidades e resultados. Essa prática se alinha com o princípio espiritual do desapego, pois incentiva os indivíduos a buscar realização no eterno em vez do passageiro. Ao soltar a aderência a aspectos impermanentes da vida, os indivíduos criam espaço para uma conexão mais profunda com a essência eterna.

Abraçar a impermanência também encoraja os indivíduos a saborearem o momento presente. Assim como a essência divina permeia cada instante que passa, os indivíduos podem cultivar a atenção plena e a presença para se conectarem com o eterno dentro do temporal. Essa prática se alinha com ensinamentos espirituais que enfatizam a importância do "agora" como um portal para a presença divina e graça.

Abraçar a impermanência é um ato de entrega ao plano divino. Essa perspectiva convida os indivíduos a confiar na sabedoria divina que guia o curso da existência, mesmo diante de incertezas.

Alocar alguns dias ao longo do ano para si mesmo

Portanto, a prática de reservar alguns dias ao longo do ano dedicados exclusivamente à sua renovação não é apenas um mimo, mas uma necessidade para o bem-estar geral. Cada dia oferece uma nova oportunidade de renovação e conexão. Comece suas manhãs com uma abordagem tranquila, evitando a pressa de pular da cama como se impulsionado pela urgência. Em vez disso, abrace o conceito de viver através da inspiração. Dedique um dia assim a um passeio tranquilo em um parque ou ao longo da praia, escolhendo um local sereno onde possa se conectar com seu eu interior e estender um convite a Deus para reabastecer seu espírito.

Envolva-se em um diálogo sincero com o divino, compartilhando seus pensamentos, crenças e aspirações. Abrace a noção de caminhar ao lado de Deus, afinando seus sentidos para perceber os sussurros suaves da orientação divina. Esse potencial incrível leva a uma jornada espiritual enriquecida, oferecendo insights profundos e um profundo senso de contentamento espiritual.

Reconheça que o crescimento e a transformação são elementos fundamentais da viagem da vida. Cada experiência, seja favorável ou desafiadora, contribui para a sua evolução. Uma mentalidade contemplativa permite que você reconheça o potencial e a importância nas várias facetas da vida, incentivando a busca por abordagens inovadoras quando o caminho estabelecido já não ressoa.

Permita que um desses dias se desenrole espontaneamente, evitando a necessidade de planejar meticulosamente o seu dia desde a manhã. Conceda a si mesmo a liberdade de seguir a sua intuição. Se for um pai ou mãe, passe um tempo de qualidade com seus filhos à tarde, apreciando a alegria que os momentos compartilhados trazem. Abraçe o fluxo contínuo de pensamentos e atividades, concedendo-se o luxo do deleite neste dia.

Desconecte-se temporariamente do mundo digital, dando uma pausa em telefones e computadores. Nesta era de tecnologia, lembre-se de que essas ferramentas foram concebidas para enriquecer nossas vidas, gerando mais tempo e espaço para experiências significativas. Esforce-se para evitar a armadilha da constante agitação alimentada pela tecnologia. Em vez disso, canalize seu potencial em seu benefício, estabelecendo limites e mantendo um equilíbrio que nutre o bem-estar emocional.

No meio do mundo acelerado, mantenha-se consciente da tentadora atração da velocidade da tecnologia. Faça um esforço deliberado para desacelerar, permitindo que conexões genuínas e equilíbrio emocional ocupem o centro do palco. Ao diminuir o ritmo frenético e dar ao tempo a sua devida importância, você fortalece relacionamentos e se envolve na companhia daqueles que têm a máxima importância.

Outro aspecto crucial de cultivar a reflexão é dominar a arte de aquietar a mente. Isso pode ser alcançado por meio de várias técnicas simples. Imagine remover a cacofonia e reduzir o incessante burburinho dentro de sua mente. Isso pode ser conseguido dedicando momentos tranquilos a atividades como exercícios, meditação, oração ou leitura da Bíblia - qualquer coisa que induza uma sensação de relaxamento. Durante esses momentos, as respostas e insights que você busca começarão a fluir naturalmente.

Então, o que aguarda ao se tornar uma pessoa mais reflexiva? Uma infinidade de benefícios! Abraçar a reflexão concede acesso ao seu mundo interior, embarcando na maior aventura da vida - a jornada de autodescoberta e autoentendimento. O ato de reflexão alavanca o incrível poder da intuição humana e serve como a base do crescimento pessoal. Essa realização é empolgante, capacitadora e libertadora, revelando a verdade de que sua mente detém as chaves para o seu bem-estar mental. Através da introspecção, você pode remodelar a si mesmo, melhorar sua vida e impactar positivamente aqueles ao seu redor.

Ser uma pessoa perceptiva tem relevância em todos os aspectos da vida. É um traço enraizado na humildade, oferecendo um presente que enriquece relacionamentos. Ao se afastar de si mesmo e reunir a coragem para examinar suas contribuições para os desafios, sua habilidade de cultivar conexões mais saudáveis prospera.

Dedicar tempo espiritual diariamente é fundamental. Isso pode ser tão simples quanto abraçar a solitude por alguns momentos a cada dia; até mesmo dedicar meros quinze minutos pode gerar resultados transformadores. Abraçar essa prática é embarcar em uma jornada repleta de alegria e contentamento, abraçando a oportunidade de conexão aprofundada com o divino.

A Vida é Curta Demais: Um Chamado à Jornada Interior

A mensagem de que **"A vida é curta demais"** é um lembrete gentil, mas profundamente poderoso, de que cada momento é precioso. Ela nos convida a tirar os olhos das incertezas do amanhã e voltar nossa atenção para as possibilidades que habitam o presente. Quando escolhemos abraçar a transformação, nutrir nossas conexões espirituais e buscar equilíbrio, damos passos conscientes rumo a uma vida com propósito e significado.

Reflexão e Gratidão pela Jornada

Dedicar tempo para refletir sobre nossa caminhada é essencial. É uma oportunidade de reconhecer o quanto já conquistamos, as lições que aprendemos e de estabelecer intenções para os próximos passos. Cada escolha, cada passo e cada experiência compõem a riqueza da nossa história. Quando acolhemos o desconhecido com curiosidade e abraçamos as mudanças com fé, cada instante se transforma em um presente divino.

"Em conclusão, a busca pela paz não é um mero destino, mas uma contínua e enriquecedora jornada de autodescoberta e exploração interior."

A Paz Como Caminho Espiritual

A verdadeira paz não é um ponto de chegada externo, mas um estado interior de ser - uma essência sagrada entrelaçada no tecido da nossa existência. A divindade nos ensina que essa paz é cultivada dentro de nós, através de uma jornada contínua de consciência, crescimento espiritual e comunhão com o divino.

Quando incorporamos práticas como a conscientização plena, gratidão, autocompaixão e limites harmoniosos, entrelaçamos princípios sagrados no cotidiano. Esse "tecido da alma" reflete a beleza da vida em harmonia com os céus, pintando uma tela vibrante com os tons da serenidade divina.

A Jornada Interior como Parceria com o Divino

Para a divindade, buscar autoconhecimento não é um ato solitário, mas uma santa parceria entre criatura e Criador. É mergulhar nas profundezas da alma, onde habita a centelha divina, e alinhar-se com os princípios e verdades eternas. Nessa busca, compreendemos que a paz verdadeira não está "lá fora", mas brota do interior, como um rio de águas vivas fluindo da fonte sagrada que habita em nós.

Ao abraçar deliberadamente momentos de inspiração e reconhecer o próprio crescimento, essa jornada o conduz a uma **harmonia espiritual interna**, que ecoa com os ritmos do universo e conduz a uma vida mais rica, equilibrada e inspiradora.

Vencendo o Peso da Vergonha à Luz da Fé

"Pois todo aquele que nele crê não será envergonhado."
Romanos 10:11

A vergonha é um fardo invisível, mas devastador. Diferente da culpa, que aponta para o erro cometido, a vergonha ataca a identidade e sussurra: "Você não errou - você é o erro." Esse sentimento nos isola, silencia e nos faz acreditar que não somos dignos de amor, perdão ou restauração.

Mas a boa notícia do Evangelho é clara: Jesus não veio apenas para nos libertar do pecado, mas também da vergonha que o acompanha.

A Origem e a Natureza da Vergonha

Desde o Éden, a vergonha acompanha a humanidade. Quando Adão e Eva pecaram, esconderam-se de Deus. A vergonha os fez cobrir quem eram - e ainda hoje, esse sentimento nos leva a esconder nossas dores, histórias e até mesmo quem somos.

Talvez você esteja carregando o peso da vergonha por falhas do passado, por traumas vividos ou por julgamentos injustos. Mas Deus conhece toda a sua história - e ainda assim, Ele te ama por completo.

A Cura Começa com a Verdade

A vergonha só perde seu poder quando é trazida à luz. E a luz da Palavra declara: você não é o seu erro. Deus não define você pelas suas quedas, mas pela graça que Ele derrama sobre sua vida.

"Se alguém está em Cristo, é nova criatura; as coisas antigas já passaram; eis que tudo se fez novo."
2 Coríntios 5:17

Quando você se vê com os olhos do Pai, descobre que onde o mundo vê falhas, Ele vê um filho amado. Onde você vê cicatrizes, Ele vê superação. Onde você sente peso, Ele oferece alívio.

Caminhos Para Vencer a Vergonha

1. **Confesse e traga à luz**: A vergonha cresce no silêncio. Fale com Deus, com um conselheiro cristão ou alguém de confiança.

2. **Alinhe sua identidade com a Palavra**: Declare: "Eu sou perdoado. Eu sou amado. Eu sou aceito por Deus."
Encha sua mente com as verdades de quem você é em Cristo.

3. **Aceite o perdão e a graça**: Não há condenação para quem está em Cristo (Romanos 8:1). O perdão de Deus é maior do que qualquer erro.

4. **Permita-se ser vulnerável diante de Deus**: Você não precisa se esconder. Ele já sabe tudo - e mesmo assim te chama pelo nome.

5. **Viva em comunhão com os santos**: A vergonha isola, mas a cura floresce na comunhão, onde somos vistos, ouvidos e amados.

Uma Oração de Libertação da Vergonha

*"Senhor,
eu trago diante de Ti o peso da vergonha que tenho carregado.
Eu reconheço minhas falhas, mas escolho crer que a Tua graça é maior que qualquer condenação.
Cura minhas feridas, restaura minha identidade, e ajuda-*

me a ver a mim mesmo como o Senhor me vê: perdoado,
amado, e digno de recomeçar.
Em nome de Jesus, amém."

Você não precisa mais andar curvado sob o peso da vergonha. Jesus já carregou esse peso na cruz. Hoje, você pode caminhar de cabeça erguida, com o coração restaurado e a identidade redimida.

Lembre-se: a vida é curta demais para não viver em plenitude. A cada novo dia, Deus te dá um convite para recomeçar, com paz no coração e propósito na alma. Que você caminhe em direção à liberdade com coragem, fé e esperança.

Reconhecimento

Expresso minha gratidão aos leitores que abraçaram meus livros e apoiaram minha escrita. Reconheço seus comentários, avaliações e o impacto que vocês tiveram na minha motivação e sucesso. Agradeço a Deus, a Jesus e ao Espírito Santo por me concederem sabedoria e proteção. Envio amor aos meus amigos, familiares e mentores que me ofereceram apoio e incentivo ao longo da minha jornada de escrita.

Gostaria de expressar minha mais profunda gratidão a oito mulheres notáveis cuja amizade, orientação e apoio inabalável foram fundamentais em minha trajetória:

Ilda Gil: você foi a figura materna de que eu precisava quando retornei aos Estados Unidos. Seu apoio constante e seu coração generoso me ergueram em cada momento de necessidade. Sou profundamente grata a Deus por me abençoar com seu amor e cuidado.

Dra. Izilda "Branca" Polanco: irmã – sua inteligência, compaixão e incentivo gentil me guiaram em todos os desafios. Obrigada por compartilhar sua sabedoria tão generosamente e por acreditar em mim mesmo quando eu duvidava de mim mesma. "Te Amo Amiga"

Ivone Carneiro: obrigada por seu espírito acolhedor e por mostrar o que significa liderar com força e graça. Sua mentoria me ensinou a abraçar a coragem, perseverar diante dos obstáculos e celebrar cada pequena vitória. Obrigada por ter sido a primeira mulher a servir como presidente do Portuguese American Culture Center (PACC) em Palm Coast, Flórida.

Janet McDonald: sua visão clara e seus conselhos ponderados afiaram meu foco e refinaram meu propósito.

Agradeço profundamente o tempo que você dedicou a me orientar, desafiando-me a crescer e lembrando-me do impacto da liderança voltada para o serviço.

Liliana Soares: seu calor humano, generosidade e fé inabalável em Deus me sustentaram em momentos de dúvida. Sou muito grata pela sua orientação prática e constante, e por sua convicção de que todo obstáculo é uma oportunidade – obrigada por me erguer com compaixão e fé.

Maria Elizabeth Frazão Pereira: sua visão criativa e bondade firme foram fonte de inspiração ao longo da minha jornada. Agradeço seu feedback honesto sobre minha escrita, seu ouvido paciente e seu entusiasmo contagiante por cada novo caminho na minha vida. Obrigada por apoiar a comunidade portuguesa.

Lena Pinto: obrigada por estar ao meu lado. Embora eu deseje que você tivesse sido mais sincera em alguns momentos, valorizo profundamente sua companhia em nossos almoços e seu apoio incondicional.

Stasha Nawrocki: você ocupa um lugar especial no meu coração como a amiga em quem confiei quando estiva doente e o empurrão gentil de que precisei quando as dúvidas surgiram. Você foi meu porto seguro durante o tempo em que moramos juntas e me deu coragem para seguir meu próprio caminho. Obrigada por ser uma irmã e amiga tão incrível.

Sylvia Purse: sou profundamente grata pela sua sabedoria prática, pela alegria que você traz a cada encontro e pela sua crença inabalável de que os desafios são degraus para o crescimento – obrigada por me elevar com sua graça, paz e fé.

Carta ao Leitor

Querido(a) leitor(a),

Escrevo estas palavras com o coração aberto, desejando que cada linha alcance sua alma como um sopro de esperança e renovação.

A vida, tão breve e preciosa, nos convida constantemente a desacelerar e refletir. A mensagem de que **"a vida é curta demais"** não é apenas um alerta, mas um convite para viver com mais intenção, presença e amor.

É tempo de olhar para o hoje com gratidão, de perceber que a verdadeira transformação começa dentro de nós. Quando nutrimos nossa conexão espiritual e buscamos equilíbrio, abrimos espaço para uma existência mais leve, significativa e plena.

Reflita por um instante: quantos caminhos já percorreu? Quantas lições aprendeu em silêncio? Cada passo, cada escolha moldou a beleza da sua jornada. Nada foi em vão. Tudo te trouxe até aqui - e há muito ainda a ser escrito nas páginas da sua história.

A paz que você tanto procura não é um destino distante, mas uma presença sagrada que habita dentro de você. A espiritualidade nos ensina que essa paz não é encontrada "lá fora", mas cultivada na alma. Ela floresce quando praticamos a conscientização plena, a gratidão, a autocompaixão e o estabelecimento de limites saudáveis que honram nossa essência.

Também quero te lembrar de uma verdade poderosa: você não é o seu erro. A vergonha, esse fardo invisível, tenta nos calar e nos afastar da graça. Mas há boas novas: Jesus não veio apenas para perdoar nossos pecados, mas também para nos libertar da vergonha que carregamos.

Você é amado(a), perdoado(a), visto(a) por Deus - e digno(a) de recomeçar.

Deixe que a luz da verdade brilhe sobre sua dor. Encontre coragem para trazer à tona aquilo que te pesa. E saiba: a cura acontece quando nos permitimos ser vulneráveis, quando aceitamos a graça e escolhemos viver como quem foi redimido(a).

Se você sente que precisa de apoio para libertar-se emocionalmente da vergonha, quero te apresentar o método Get Up and Go Holist Therapy, criado com amor e dedicação. Esse método foi desenvolvido para ajudar pessoas como você a encontrar restauração emocional, equilíbrio interior e reencontro com sua verdadeira identidade.

Se precisar de ajuda, **estou aqui para caminhar com você.** Não hesite em me procurar. **www.drmariabarbosa.com**

Ao final desta leitura, quero te encorajar a viver cada dia como um presente divino. Valorize suas experiências, honre seus sentimentos e abrace com fé o novo que Deus tem preparado para você. Sua história está sendo escrita com letras de propósito, compaixão e plenitude.

About The Author

Maria Pinto Barbosa PhD

Certified as School Board of Education
PHD-Doctor of Philosophy in Cristian Clinical Counseling
ACCEL-Holistic Life Coach
Founder-Director of ACCEL Educational Leadership
Specialized on Temperaments - Personalities
Doctor of Divinity-Pastor Christian Minister Clergy
Bachelor of Theology in Pastoral leadership
Certified EETAD Theology
Certified on Brief Strategic family Therapy, Cognitive Holistic, Domestic Violence, and others.
Bachelor of Business International
Entrepreneur and Business initiative, likewise owned many diverse businesses.

Bibliografia

-Livros de Maria Pinto Barbosa PhD

- Livro "Raízes do Temperamento e Seus Transtornos de Personalidade"
- Livro "O Valor do Autoconhecimento – Um Sabor para a Vida"
- Desafios como um Líder Pioneiro
- Liderança Educacional ACCEL
- Terapia Holística Get Up And Go
- E muitos outros

- Bíblia Sagrada, Nova Versão Internacional, NVI

Para mais livros e artigos
www.drmariabarbosa.com
Cursos: www.acceleducational.com

Email para: drmariabarbosa@gmail.com
drbarbosacounseling@hotmail.com

Sites de Mídia

Agradeço sinceramente por visitar meus sites de mídia e apreciar o conteúdo, assim como por deixar uma avaliação na página do meu livro nas plataformas globais. Seu apoio significa muito para mim, e acredito que você é a pessoa que pode ajudar a levar meus projetos a um nível mais elevado. Sou profundamente grato(a) pelo seu encorajamento e apoio.

Dr. Website

Instagram

LinkedIn

X-Twitter

YouTube

Made in United States
Orlando, FL
23 December 2025